交通大数据：存储与计算

刘志远 黄 凯 刘 攀 编 著

东南大学出版社
·南京·

图书在版编目（CIP）数据

交通大数据：存储与计算 / 刘志远,黄凯,刘攀编著. -- 南京：东南大学出版社,2025.1. -- ISBN 978-7-5766-1788-7

Ⅰ.U495

中国国家版本馆 CIP 数据核字第 2024499B73 号

责任编辑：夏莉莉　　责任校对：子雪莲　　封面设计：周灵　毕真　　责任印制：周荣虎

交通大数据：存储与计算
Jiaotong Dashuju: Cunchu Yu Jisuan

编　　著	刘志远　黄　凯　刘　攀
出版发行	东南大学出版社
出 版 人	白云飞
社　　址	南京四牌楼 2 号　邮编：210096
网　　址	http://www.seupress.com
经　　销	全国各地新华书店
印　　刷	南京玉河印刷厂
开　　本	787 mm×1 092 mm　1/16
印　　张	13
字　　数	268 千字
版　　次	2025 年 1 月第 1 版
印　　次	2025 年 1 月第 1 次印刷
书　　号	ISBN 978-7-5766-1788-7
定　　价	49.00 元

本社图书若有印装质量问题，请直接与营销部联系。电话(传真)：025-83791830。

引 言

本书的背景与定位

随着信息技术的飞速发展,各行各业数据规模呈现爆发式增长,交通领域也迎来前所未有的挑战和机遇,交通大数据呈现出蓬勃发展的态势。不仅传统的交通数据感知设备不断增多,如交通传感器、监控摄像头等,还出现了新的数据源,如移动互联网数据、社交媒体数据等。这使得交通大数据的存储规模和计算复杂性显著地增加。未来,交通大数据将持续融合多源数据,通过智能分析和机器学习等技术手段,为交通系统的智慧化提供支持,并推动交通产业向数字化转型,成为丰富城市交通管理者规划与管理手段、提升交通用户出行体验、提高交通运营商服务能力的重要驱动力。

《交通大数据:理论与方法》和《交通大数据:存储与计算》是"交通大数据系统丛书"中的姊妹篇。前者从基础理论出发,详细介绍了大数据的处理方法和典型算法。而本书则更注重实践应用,全面介绍了常用的大数据存储技术和计算方法,是系统丛书的高阶版。

编者结合交通领域的大量实例,对交通大数据的各类理论方法与分析工具进行了较为全面的介绍。应用这些方法,读者可以在样本量有限的数据集上完成对各类交通大数据的分析任务。然而随着现实各类场景中数据规模不断增大,交通大数据的存储和计算越发成为交通大数据分析的核心环节,也是交通大数据工程实践所面临的主要技术难点。在大数据存储方面,交通大数据的规模庞大,如何高效地存储和管理这些海量数据成为重要的挑战。传统的关系数据库在处理大规模数据时面临性能瓶颈,而分布式存储系统提供了可扩展的解决方案。本书将介绍这些存储技术的原理和应用,以及其在交通大数据处理中的最佳实践。在大数据计算方面,交通大数据的处理需要进行复杂的计算和分析,以提取有价值的信息和知识。而交通大数据的时空特性和多源异构性给计算带来了挑战。

本书将深入讨论交通大数据的存储和计算方法,为读者提供全面的理论和实践指导。

本书的主要内容

随着数据规模的不断增大,如何高效地存储大规模的交通数据成为一个关键问题,传统的数据库管理系统往往无法胜任这样的任务。交通数据的多样性和复杂性使得数据的存储结构和查询方式需要特殊的设计和优化。本书介绍交通工程实践中常用的数据结构与数据库管理系统，在此基础上介绍一些常用的存储技术和方法，如常用数据库、数据组织方法、数据库操作与优化等，帮助读者理解交通大数据存储的原理和应用。此外，交通大数据的计算通常涉及复杂的算法和大规模的数据处理，对计算资源和算法的效率提出了高要求。本书将介绍一些常用的计算方法和技术，如并行计算、分布式计算、虚拟化技术等，帮助读者掌握交通大数据计算的关键技能。

具体而言，本书第 1 章对交通工程领域的大数据、大数据存储技术以及行业现状进行了系统介绍。第 2 章介绍了交通大数据项目开发中最为广泛使用的版本管理工具——分布式版本控制系统(Git)。第 3~5 章向读者介绍了数据库存储的基础知识、管理与优化方法。在此基础上，第 6~8 章介绍了数据库计算的基础知识，包括两种最为常见的计算架构 Hadoop 与 Spark，以及虚拟化技术与 Docker。

作者介绍

刘志远，东南大学交通学院教授、博士生导师，获东南大学"五四青年奖章"、江苏省双创人才、国家自然科学基金优秀青年基金。长期从事交通大数据分析与建模、交通网络规划与管理、公共交通等领域的科研工作。

黄凯，东南大学专任教师、至善青年学者，江苏省双创博士。主要研究方向为智能交通系统优化与仿真、基于数据驱动的交通系统分析，致力于网联化、共享化、电动化交通系统发展。

刘攀，东南大学党委常务副书记，教授、博士生导师。国务院学位委员会交通运输工程学科评议组成员/秘书长，国家自然科学基金杰青项目获得者。先后主持国家重点研发计划项目、国家自然科学基金重点项目等国家、省部级科研项目 20 多项。以第一、第二完成人获国家科学技术进步奖二等奖 2 项，牵头获江苏省科学技术奖一等奖 1 项、教育部自然科学奖一等奖 1 项、教育部技术发明奖一等奖 1 项。主要从事交通工程、交通安全、智能交通等领域的研究工作。

本书的适用对象

本书是一本面向广泛读者群体的专业书籍，适用于以下对象：

（1）数据存储与计算领域的专业人员和从业者：本书涵盖交通大数据存储和计算的关键理论、方法和技术，对于已经从事或有意从事交通大数据存储与计算工作的专业人员来说，本书将提供全面而深入的指导。无论是存储技术的选型与优化，还是大规模数据处理与计算的实践，本书都将为专业人员提供实用的工具和技巧，帮助他们更好地应对存储与计算挑战。

（2）学术界的研究人员与学生：对于从事交通大数据相关研究的学术界人员和学

生,本书将提供丰富的理论知识和实践经验。研究人员可以通过本书深入了解交通大数据存储与计算的前沿问题和最新研究进展,以及应对这些问题的方法和策略。学生可以通过本书系统学习交通大数据存储与计算的基本概念、原理和技术,从而建立坚实的理论基础,为未来的研究和实践打下良好的基础。

(3) 工程技术人员和决策者:随着交通领域数据规模的不断增大和应用场景的扩展,越来越多的工程技术人员和决策者需要了解交通大数据存储与计算的基本概念和方法。本书将以简明易懂的方式介绍相关知识,并通过实例展示其在实际工程和决策中的应用。对于工程技术人员和决策者来说,本书将成为一个重要的参考工具,帮助他们理解和应用交通大数据存储与计算的关键技术,推动交通领域的创新和发展。

致 谢

本书初稿完成后,东南大学虞文武教授、东南大学汪鹏教授、南京航空航天大学陈松灿教授等分别审阅,对本书编写提出许多宝贵意见,在此向他们表示衷心感谢!在本书出版过程中,东南大学出版社夏莉莉编辑给予了大量帮助,在此特向她致谢!在本书编写过程中,团队老师、同学们给予了大量帮助,在此表示衷心感谢!本书参阅了大量国内外资料,未能一一列出,借此向这些著作和文献资料的作者表示衷心感谢!

限于编者水平,书中不足之处在所难免,敬请广大读者批评指正。

目 录

第1章 交通大数据结构与行业现状 ·································· 1
  1.1 交通大数据概述 ·································· 1
    1.1.1 大数据基本结构 ·································· 1
    1.1.2 交通大数据特征 ·································· 2
    1.1.3 交通大数据内涵 ·································· 3
    1.1.4 交通大数据基本类型与特点 ·································· 3
    1.1.5 交通大数据应用场景 ·································· 4
  1.2 交通大数据存储技术 ·································· 5
    1.2.1 大数据存储系统特征 ·································· 5
    1.2.2 数据存储流程 ·································· 7
  1.3 交通大数据计算技术 ·································· 8
  1.4 交通大数据行业困境 ·································· 10
    1.4.1 行业标准不统一、数据融合困难 ·································· 10
    1.4.2 数据收集不足、分析方法单一 ·································· 10
    1.4.3 数据运维水平低、数据管理能力差 ·································· 11
    1.4.4 数据存在安全风险、隐私保护需要完善 ·································· 11
    1.4.5 大数据投入成本过高、存储与计算效率过低 ·································· 11
  1.5 本章小结 ·································· 12
  1.6 本章习题 ·································· 13
  1.7 参考文献 ·································· 13

第2章 Git 的基础使用 ·································· 14
  2.1 背景介绍 ·································· 14
    2.1.1 版本管理 ·································· 14
    2.1.2 Git 简介 ·································· 17
    2.1.3 Git 命令行 ·································· 18
    2.1.4 Git 安装 ·································· 19

         2.1.5　Git 基础配置 ……………………………………………… 24
　　2.2　Git 基础操作 …………………………………………………………… 24
         2.2.1　建立版本库 ……………………………………………… 25
         2.2.2　新建文件 ………………………………………………… 26
         2.2.3　修改文件 ………………………………………………… 27
         2.2.4　重命名文件 ……………………………………………… 28
         2.2.5　查看版本历史 …………………………………………… 29
         2.2.6　撤销与移除 ……………………………………………… 31
         2.2.7　比较差异 ………………………………………………… 35
         2.2.8　忽略文件 ………………………………………………… 38
         2.2.9　分支操作 ………………………………………………… 38
　　2.3　多人协作 ………………………………………………………………… 42
         2.3.1　远程仓库建立 …………………………………………… 43
         2.3.2　成员协作 ………………………………………………… 44
　　2.4　本章小结 ………………………………………………………………… 48
　　2.5　本章习题 ………………………………………………………………… 48
　　2.6　参考文献 ………………………………………………………………… 48

第 3 章　数据库应用与数据组织 ……………………………………………………… 50
　　3.1　数据库与数据库管理系统 ……………………………………………… 50
         3.1.1　数据库概念与类型 ……………………………………… 50
         3.1.2　数据库发展历史 ………………………………………… 52
         3.1.3　常用的数据库管理系统 ………………………………… 52
         3.1.4　数据库管理系统术语 …………………………………… 54
　　3.2　数据库原理 ……………………………………………………………… 55
         3.2.1　三级模式、两级映像与数据独立性 …………………… 55
         3.2.2　数据库设计规范 ………………………………………… 56
         3.2.3　数据库系统生命周期 …………………………………… 60
　　3.3　新兴数据库 ……………………………………………………………… 61
         3.3.1　键值数据库 ……………………………………………… 61
         3.3.2　图数据库 ………………………………………………… 63
         3.3.3　时序数据库 ……………………………………………… 65
　　3.4　本章小结 ………………………………………………………………… 67
　　3.5　本章习题 ………………………………………………………………… 68
　　3.6　参考文献 ………………………………………………………………… 68

第 4 章　数据库操作 … 69
4.1　数据库基本操作 … 69
4.1.1　Windows 环境下的 MySQL 安装 … 69
4.1.2　数据库操作 … 70
4.1.3　数据表操作 … 71
4.1.4　数据完整性约束 … 74
4.1.5　索引创建与管理 … 76
4.2　数据库查询操作 … 78
4.2.1　单表查询 … 79
4.2.2　多表查询 … 80
4.2.3　嵌套查询 … 81
4.3　MySQL 运算符和内置函数 … 84
4.3.1　运算符 … 85
4.3.2　内置函数 … 86
4.4　数据管理 … 89
4.4.1　数据的导入与导出 … 89
4.4.2　数据备份 … 91
4.5　数据库入门实战 … 91
4.5.1　数据集介绍 … 92
4.5.2　数据的存储 … 92
4.5.3　数据预处理 … 93
4.5.4　索引的应用 … 94
4.5.5　单表查询的应用 … 95
4.5.6　多表查询的应用 … 96
4.5.7　嵌套查询的应用 … 97
4.5.8　新表生成和数值统计 … 99
4.5.9　字段形式处理 … 100
4.6　本章小结 … 100
4.7　本章习题 … 101
4.8　参考文献 … 102

第 5 章　数据库管理与优化 … 103
5.1　数据库初步优化 … 103
5.1.1　MySQL 数据结构 … 103
5.1.2　索引优化 … 104

  5.1.3 查询优化 …… 107
  5.1.4 架构优化 …… 108
  5.1.5 SQL 优化 …… 109
 5.2 进阶 SQL 语法在大数据管理中的应用 …… 111
  5.2.1 CASE WHEN …… 112
  5.2.2 WITH AS …… 112
  5.2.3 GROUP BY ROLLUP …… 112
  5.2.4 UNION/UNION ALL/INTERSECT/EXCEPT …… 113
  5.2.5 LIMIT …… 113
  5.2.6 IN/NOT IN/EXISTS/NOT EXISTS/BETWEEN …… 113
  5.2.7 CROSS JOIN/FULL JOIN/INNER JOIN/RIGHT JOIN/LEFT JOIN/隐式连接 …… 114
 5.3 Hive SQL …… 115
  5.3.1 Hive 基本介绍 …… 116
  5.3.2 Hive 的特点 …… 116
  5.3.3 Hive 中的内部表与外部表 …… 117
  5.3.4 Hive 的基本操作 …… 118
  5.3.5 Hive 内置函数 …… 120
 5.4 本章小结 …… 124
 5.5 本章习题 …… 125
 5.6 参考文献 …… 126

第 6 章 分布式系统和 Hadoop …… 127
 6.1 分布式系统 …… 127
  6.1.1 分布式系统概述 …… 127
  6.1.2 分布式系统开源框架 …… 128
 6.2 Hadoop 计算框架与主要模块 …… 128
  6.2.1 Hadoop 生态系统 …… 129
  6.2.2 HDFS …… 130
  6.2.3 MapReduce …… 131
  6.2.4 Yarn …… 133
  6.2.5 其余主要模块简介 …… 133
 6.3 Hadoop 的安装与基本使用 …… 134
  6.3.1 环境搭建与 Hadoop 安装 …… 134
  6.3.2 分布式 Hadoop 配置与测试 …… 138

  6.3.3 使用 Hadoop 解决交通问题 ……………………………………………… 143

  6.3.4 Java 编写 MapReduce 程序简介 …………………………………… 152

6.4 本章小结 …………………………………………………………………………… 155

6.5 本章习题 …………………………………………………………………………… 155

6.6 参考文献 …………………………………………………………………………… 155

第 7 章 Spark 计算架构 ……………………………………………………………… 156

7.1 Spark 简介 ………………………………………………………………………… 156

7.2 Spark 操作基础 …………………………………………………………………… 159

  7.2.1 RDD 基础 …………………………………………………………………… 159

  7.2.2 RDD 常用转化及行动操作 ………………………………………………… 161

  7.2.3 Spark SQL …………………………………………………………………… 164

  7.2.4 Spark 分区与并行 ………………………………………………………… 167

7.3 Spark 在解决交通问题中的应用 ……………………………………………… 168

  7.3.1 特征提取 …………………………………………………………………… 169

  7.3.2 并行机器学习方法 ………………………………………………………… 174

  7.3.3 单线程处理方法 …………………………………………………………… 177

7.4 本章小结 …………………………………………………………………………… 183

7.5 本章习题 …………………………………………………………………………… 183

7.6 参考文献 …………………………………………………………………………… 184

第 8 章 虚拟化技术与 Docker ……………………………………………………… 185

8.1 Docker 概述及其组成 …………………………………………………………… 185

  8.1.1 虚拟化技术简介 …………………………………………………………… 185

  8.1.2 Docker 架构及其组件 …………………………………………………… 187

8.2 Docker 的安装与基本使用 ……………………………………………………… 188

  8.2.1 Docker 的安装 …………………………………………………………… 189

  8.2.2 Docker 的使用 …………………………………………………………… 189

8.3 Docker 镜像与仓库 ……………………………………………………………… 191

  8.3.1 Docker Hub 与 Docker 镜像、仓库的相关操作 …………………… 191

  8.3.2 通过 Dockerfile 构建 Docker 镜像 …………………………………… 192

8.4 本章小结 …………………………………………………………………………… 194

8.5 本章习题 …………………………………………………………………………… 195

8.6 参考文献 …………………………………………………………………………… 195

第 1 章
交通大数据结构与行业现状

大数据已成为重要资源,对交通规划、运营和管理产生了深远影响。在分析处理交通大数据前,本章期望使读者对交通大数据有基本了解。因此,本章主要为读者讲述交通大数据的基本概念和结构,以及当前的行业现状。

本章将探索交通大数据的定义、基本结构、特征、内涵、基本类型与特点,以及应用场景。同时,为通览后续章节、铺垫相关内容,本章还将简要介绍交通大数据的存储技术(包括大数据存储系统特征、数据存储流程)、计算技术以及行业困境。通过学习本章的内容,读者将对交通大数据的复杂性和潜在价值有更清晰的认识,为后续章节的深入学习奠定坚实的基础。

1.1 交通大数据概述

大数据是指无法在一定时间范围内用常规软件工具进行捕捉、管理和处理的数据集合,是需要使用新处理模式才能具有更强的决策力、洞察力和流程优化能力的海量、高增长率和多样化的信息资产。IBM 公司提出了大数据"5V"特点,即"Volume"(大量)、"Variety"(多样)、"Value"(价值密度)、"Velocity"(高速)和"Veracity"(真实性)。

交通大数据是大数据概念在交通领域的具体应用。交通大数据是指通过各种传感器、设备以及应用程序所产生的关于交通运输系统的大量数据。这些数据可以来自交通摄像头、车载传感器、手机 GPS(Global Positioning System,全球定位系统)、公交卡刷卡记录等多种渠道,涵盖了道路交通流量、车辆位置和速度、路况、交通事故等信息。交通大数据具有很高的时空分辨率和覆盖面,因此具备广泛的应用前景,可以用于交通管理、交通安全、城市规划等方面。

1.1.1 大数据基本结构

如果我们以平台层级进行基础划分,可以将大数据划分为原始数据层、数据仓库层与数据应用层,如图 1-1 所示。

原始数据层也叫作 ODS(Operational Data Store)层,负责数据基础规范的搭建、数据的获取与 ETL[抽取(Extra)、转化(Transfer)、装载(Load)]处理,处理后的数据进入

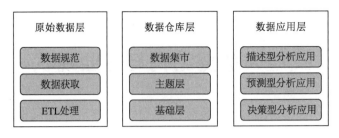

图 1-1 大数据基本结构

数据仓库层。数据仓库层可以细分为基础层、主题层与数据集市。数据仓库层建立了一个集成化的数据环境,为用户快速高效地完成各种应用决策提供了数据支撑。基础层对原始数据层的数据进行初步汇总,产出一些基础数据;主题层为数据的高度聚合层,按照特定的需求,对数据进行聚合生成主题表;数据集市将主题层和基础层的数据按各业务需求进行聚合,将数据直接送入后续的数据应用层。数据仓库层有着不可更新的特点,在数据仓库中对数据进行的主要操作都是查询。数据应用层可以根据应用的类型分为描述型分析应用、预测型分析应用与决策型分析应用,根据用户需求进行相对应的应用分析。数据应用层可以使用诸如机器学习、线性回归、强化学习等一系列数据驱动的建模方法。

1.1.2　交通大数据特征

相比于信息技术领域大数据特征,综合交通运输行业大数据,即交通大数据,具有更鲜明的特征。

(1) 数据量大:在各类动静态管理对象和管理要素全周期数字化过程中,各类结构化、半结构化、非结构化数据构成了综合交通运输行业的大数据。随着社会经济发展,数据量呈现数量级式、阶跃式增加。

(2) 数据类型多:综合交通运输系统中既有自身产生的数据,也有外部交换共享所得的数据;既有静态数据,又有动态实时数据;既有字符、数值等结构化数据,又有视频、图像等非结构化数据,数据类型多种多样。

(3) 处理速度快:在综合交通运输行业,各类数据的数量随时间推移而快速增长。海量、快速的数据积累,势必要求更加高速、准确的数据分析与应用。只有实现快速化数据检索和分析,才能保证数据的生命力。

(4) 价值密度低:随着行业信息化、网络化、数字化的发展,综合交通运输行业的数据大量积累,与此同时,无效数据、冗余数据也在大量增加,数据质量问题愈发突出,数据价值密度与数据总量呈现出反比关系。

(5) 真实性较差:由于各种原因,综合交通运输行业大数据仍然存在"数出多源""一数多源"的现象,数据的唯一性、准确性、完整性、真实性仍有待提高。并且往往没有有效的工具来检测与识别数据的真实性。

1.1.3　交通大数据内涵

大数据是信息技术发展的必然产物，更是行业数字化、信息化发展不可逾越的新阶段。伴随着数字化、网络化和智能化发展的新态势，交通大数据的发展也体现出了更加丰富的内涵。

（1）交通要素数字化：物联网感知、数字建模等技术推动了交通运输基础设施、交通运输载运装备、交通运输管理服务对象与事项的全面数字化，实现了各类交通要素的数字化构建，打造了"数字化交通要素"。

（2）多网融合互联化：光纤网、移动通信网、无线传感网、卫星通信网等多种信息通信技术通过"有线＋无线""公网＋专网"等多种模式组合，促进了各类交通运输业务与信息系统互联互通。

（3）综合应用智能化：在数据开放与应用层面，不同业务领域实现了数据的深度挖掘与应用，推动了综合交通运输行业管理、公共服务更加精准化、智能化和科学化，支撑了业务协同和融合创新应用。

1.1.4　交通大数据基本类型与特点

- **物联网数据**

在交通流预测、车辆感知、异常事件识别、自动驾驶中交通数据的获取是最重要的环节之一。分布在道路附近的各类传感器获取的数据为智能交通提供了基础数据支撑。数据采集设备包括毫米波雷达、激光雷达、光纤传感器、视频监控等传感器，采集到的数据经过预处理可以提供车辆的点云、位置、速度、加速度等一系列信息。

- **政务数据**

政务数据是指在政府管理中所产生的数据，政务数据的产生依托于政府各个部门信息化建设。政府网站数据可以为交通决策者和管理者提供安全稳定的数据源，也可为智能交通系统提供准确与最新的城市路网结构、气象变化、特大活动、突发事件与应急救援等数据。政务数据包括公安交通管理数据、交通运输数据、城市规划数据、气象数据、城市建设数据等。

- **手机数据**

手机数据的种类非常多，包括通话详单数据、话务量数据与信令数据等。在交通大数据中，使用最多的是信令数据。信令数据是手机用户在网络活动中留下的信号数据，具备数据量大、非用户自愿性与连续动态性的特点，简而言之，信令数据可以做到空间全覆盖，拥有着海量的数据，并且用户是被动地提供连续动态的空间位置信息。目前，信令数据被广泛应用在估计动态的起点（Origin，O）-终点（Destination，D）交通流量、出行需求量、交通出行特征以及通勤客流量等场景中。

- **互联网数据**

  互联网为智能交通系统提供了广泛的数据来源与发布途径。其中最重要的一个来源是互联网的导航数据，包括高德、百度、腾讯等互联网公司的地图导航系统所产生的数据。导航数据可以提供目标准确的地理位置、车行速度及精确的时间信息。互联网的舆情数据可以为智能交通系统提供道路异常事件的精确定位，也可以提供交通异常事件的视频。另外，互联网也可成为交警非现场执法、公交系统优化等的重要数据来源[1]。其他互联网数据包括网约车数据、外卖数据、快递数据、共享单车数据等。

1.1.5　交通大数据应用场景

通过采集、整理、分析交通领域相关的大数据，交通大数据可以为交通规划、运营、管理等提供支持。针对交通大数据，我们可以使用一系列模型进行分析与挖掘。在综合交通运输行业，大数据应用场景可以分为以下几个大类：

- **交通流量监测与管理**

  利用传感器、摄像头等设备采集道路上的车流、人流等数据，通过实时分析和预测，我们可以实现交通信号灯的智能控制、拥堵监测与管理，以优化道路流量。

- **智能交通导航系统**

  利用 GPS 数据、实时交通状况等信息，驾驶员可以获取最佳的行车路线，以避免拥堵和提高通行效率。实时更新的停车位信息，可以减少驾驶员寻找停车位的时间。

- **交通事故预测与处理**

  基于历史数据和实时流量信息，通过机器学习模型预测潜在的交通事故发生地点，我们可以提前采取措施减少事故发生的可能性，并在事故发生时提供实时的应急响应。

- **城市交通规划与设计**

  利用大数据分析城市交通流量、出行模式等信息，城市规划者可以获得数据支持，以制定更合理的城市交通规划，包括道路建设、公共交通线路规划等。

- **共享交通服务优化**

  针对共享出行服务，如共享单车、共享电动车、共享汽车等，通过分析用户行为和需求，公司可以优化车辆分布、调度，进而提高共享交通服务的可用性和效率。

- **智能停车系统**

  利用传感器、摄像头等设备监测停车场实时的停车位利用情况，通过手机应用或路标引导车辆找到空闲停车位，驾驶员可以减少在城市中寻找停车位的时间，进而缓解交通拥堵。

- **交通安全监测与管理**

  利用大数据分析交通违法行为、事故发生情况等信息，交通管理部门可以获取决策支持，从而改善交通安全状况，提高道路使用的安全性。

● 出行行为分析与预测

通过分析大量的出行数据，我们可以了解人们的出行习惯、偏好，以及不同时间和地点的出行需求，这些信息可以为城市交通规划和运营提供参考。

这些应用领域的交叉合作可以构建更综合、智能的交通管理系统，提高城市交通的效率、安全性和可持续性。

1.2 交通大数据存储技术

交通大数据存储技术在处理庞大而多样化的交通大数据时，必须充分考虑大数据存储系统的特征以及有效的数据存储流程。因此，我们需要深入探讨交通大数据存储领域的关键问题，本节的探讨核心将集中于大数据存储系统所具有的特征以及为应对不同类型数据而采取的数据存储方法。通过对这两个关键问题的深入剖析，我们将揭示在交通领域中构建高效、可扩展且适应多样化数据的存储解决方案的重要原则与实践。

1.2.1 大数据存储系统特征

对智能交通行业的调查发现，随着规模扩大，大容量高清视频、交通数据、高清图片越来越多，视频数据的重要性不断提高，数据化视频监控系统又向着网络化、规模化和集中化发展，因此出现了一些新的用户需求，如海量存储、数据集中存储等。众多的视频、数据资料该何去何从，应该如何去管理和存储这些历史的见证，这些都是交通管理部门在选择数据存储系统的时候必须考虑的。显然，交通大数据领域选择的大数据存储系统必须具备以下几点[2]：

（1）可靠性、稳定性：选择可靠性高、稳定性好的存储设备是保障整个系统的基础。

（2）集中管理：建立多平台、多系统下的统一管理平台，能够通过总管控中心对所有系统内数据主机及存储设备进行统一有序的调配和管理。

（3）长时间数据存储：分散式的存储系统，不易统一管理，监控信息资源不能共享。数据的集中存储是实现统一管理数据的主要途径。

（4）用户访问：高速网络访问使用户对前端现场图像进行远程实时监视和指挥调度，方便管理，同时实现管理的安全性。

（5）方便扩容：一旦存储空间不足，能实现快速扩容，并且使用较少的投资。

从不同数据源采集的数据，其数据量巨大且类型繁多，需要进行复杂的查询和关联操作，因此，传统的如本地文件系统和分布式文件系统[如 HDFS（Hadoop Distributed

File System，Hadoop分布式文件系统）]等数据库系统已不能满足实际需求。此外，用户随时方便快捷查阅、调取所需数据的需求也得不到满足。因此，需要存储总量更加庞大的终端数据库系统。由于大数据的多样性，所以采集的多源异构数据不能随意存储，以免在数据处理以及数据分析计算过程中造成数据访问性的影响。大数据存储应按照对不同类型数据建立特定数据库的方法，分门别类存储多源异构数据，以便在后续数据预处理工作中清洗低价值、高错误率以及低关注度的数据，从而保障数据具有较高的质量以及可靠性，减少用户数据查询时间，有效提高从庞大数据库中提取所需数据的速度，满足用户存储海量数据的需求[3]。

海量、多源异构交通大数据存储于具有庞大存储容量的数据库，便于为用户提供实时快速查询、高效处理以及智能分析等服务。以HBase分布式数据库为例，其存储流程如图1-2所示，它是Hadoop分布式文件系统的重要组成部分，具有强大的数据存储能力、数据访问能力以及数据容错能力。此外，访问HBase分布式数据库的应用程序编程接口（Application Programming Interface，API），可以实现海量数据检索的秒级响应，满足用户随时快速抽取庞大数据集中任意数据的需求，保障数据分析工作稳步进行。数据库为了既能够保证对海量数据的存储，又能够保证事务的一致性，通常对增加、删除、修改、查询操作进行区分处理。

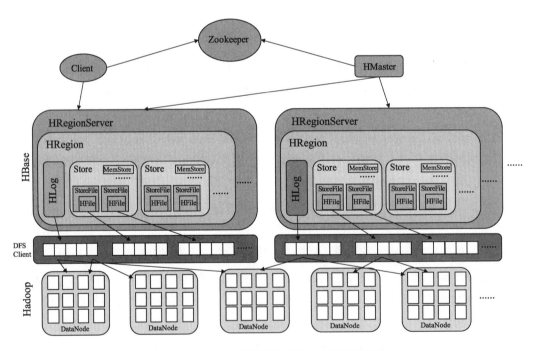

图1-2 Hadoop集群下的HBase的存储示意图

分布式数据库技术分为商业和开源两类，它们都以分布式文件系统为基础。开源分布式文件系统以谷歌（Google）的GFS（Google File System，谷歌文件系统）、阿帕奇（Apache）的HDFS最为典型。此外，Pig、Hive、Sqoop开源工具和框架，可以实现大数据便捷、快速的导入、导出[4]。

虽然分布式数据库技术能够解决大数据的存储和管理问题,但这并不意味着传统关系数据库没有了存在的价值。分布式数据库技术难以实现灵活、快速、复杂的统计分析功能,而这恰恰是传统关系数据库所擅长的,因此,我们需要将这两种数据库技术结合起来使用,解决不同交通应用场景下的问题。

1.2.2 数据存储流程

交通大数据包括车辆位置和速度、路况、交通事故、交通信号等信息。选择适当的存储技术对于数据实时分析、历史数据查询以及数据安全非常重要。在大数据存储和管理发展过程中,出现了几种较为有效的存储和管理大数据的方式,包括关系数据库(Relational Database,RDB)、时序数据库、NoSQL 数据库等。交通大数据存储涉及多个流程,从数据采集到存储再到后续的处理和分析。以下是交通大数据存储的一般流程:

(1) 数据采集与传输:数据采集是从各种源头获取交通大数据的过程。这可能涉及传感器、摄像头、GPS 设备、应用程序等。数据采集可以是实时的,也可以是定期或批量的。采集到的数据需要传输到大数据存储系统,这可以通过网络传输、API 调用、文件上传等方式实现。

(2) 数据预处理:在数据存储之前,我们通常需要进行一些预处理操作,如数据清洗、格式转换、数据标准化等,这有助于确保存储的数据质量和一致性。同时,由于交通大数据的数据量通常非常大,数据压缩和优化技术对于降低存储成本和提高性能至关重要。一些压缩算法和数据优化工具可以用于减小数据存储的需求。

(3) 数据存储:数据存储是将处理后的数据保存到选定的存储系统中,以供后续查询和分析。存储系统可以是本地服务器、云存储等。根据数据类型、规模和需求,我们需要选择适合的存储技术,如关系数据库、NoSQL 数据库、分布式文件系统等。同样,针对实时数据和历史数据,我们可能会使用不同的存储方法。实时数据可能存储在流数据存储系统中,如 Apache Kafka,而历史数据可能存储在关系数据库或分布式文件系统中。

(4) 数据安全性和隐私保护:在存储数据时我们需要考虑数据的安全性和隐私保护。这可能包括数据加密、访问控制、匿名化和脱敏、身份验证、数据分割和分区等措施。在数据存储前,我们可以对敏感数据进行匿名化或脱敏处理,以便降低个人隐私泄露的风险;也可以对存储在数据库或文件系统中的数据进行加密,确保即使数据泄露,其内容也难以被解读;也可以设定严格的访问权限,只有授权的用户才能访问特定的数据,使用身份验证和授权机制来限制对数据的访问。在数据存储时,我们也可以将不同级别的敏感数据分开存储,以便更严格地管理和保护敏感信息。

(5) 数据索引和查询:数据索引和查询是在交通大数据存储和处理中非常重要的环节,它们可以帮助有效地检索和分析存储在数据库或文件系统中的数据。索引是一种数据结构,用于加快数据的查询速度,而查询是通过特定条件从存储系统中获取所需的数据。常见的索引类型包括主键索引、唯一索引、复合索引等。

(6) 数据备份和维护:在大数据存储环境中,数据备份和维护是确保数据的可靠性、完整性和可恢复性的关键步骤。数据备份涉及将数据复制到另一个存储位置,以防止原始数据损坏或丢失。数据维护则包括对存储系统的定期管理和优化,以及建立定期的数据备份策略,以确保数据的可靠性和可恢复性,避免数据丢失。

1.3 交通大数据计算技术

交通大数据计算技术涉及处理和分析大规模交通数据,提取有用交通信息供一线人员管理。交通大数据计算技术可以被分为实时流数据处理、数据挖掘和机器学习、地理信息系统(Geographic Information System,GIS)技术、分布式计算、可视化和仪表板、云计算和容器化、决策支持系统(Decision Support System,DSS)。

(1) 实时流数据处理:在交通大数据领域,实时流数据处理非常重要,因为交通状况随时都在变化,快速而及时的数据处理和决策显得尤为重要。常见的流数据处理框架包括 Apache Kafka、Apache Flink、Apache Spark 等,可以用于处理实时交通数据流,支持复杂的事件处理和实时决策。交通大数据计算中复杂事件处理(Complex Event Processing,CEP)也非常重要,CEP 可以用于检测和响应复杂事件,例如交通拥堵、交通事故等。由于交通管理对于实时性的要求,交通大数据计算体系需要使用流处理框架(如 Apache Kafka Streams、Apache Flink、Apache Storm)或流处理语言(如 SQL Stream Processing)执行实时计算,以生成实时聚合、统计或警报。

(2) 数据挖掘和机器学习:交通大数据计算技术中的数据挖掘和机器学习是关键的工具,用于处理和分析交通大数据,从中提取有用的信息与模式。例如,使用时间序列分析、回归分析、神经网络等技术来预测交通流量、拥堵状况和行程时间;通过异常检测算法来识别交通异常,如交通事故、恶劣天气引起的异常等;使用优化算法来改进交通路线,减少拥堵和行程时间;使用机器学习来自适应交通信号控制,以最大限度地提高道路通行效率。

(3) 地理信息系统(GIS)技术:交通大数据计算技术中的地理信息系统技术包括三个步骤。首先为数据采集和整合,GIS 技术可以用来采集、整合和管理各种与交通相关的地理数据,包括道路网络、交通信号、交通摄像头、公交路线、车辆轨迹等。这些数据可以来自不同的源头,GIS 技术可以将它们整合在一起,以便进行综合分析。其次为地理空间分析,GIS 技术可以分析交通大数据的空间分布,包括地理热力图、地理空间关系和地理分析。最后为地理信息可视化,通过地图可视化交通数据,一线工作人员可以进行精细的三维空间分析,更好地理解交通状况和趋势。

(4) 分布式计算：交通大数据计算技术中的分布式计算是一种处理大规模交通数据的方法，此方法将计算任务分配给多个计算节点，以提高计算效率和处理能力。交通大数据计算技术可以对多源交通大数据进行数据分片和分布，多源交通大数据如交通流量、车辆轨迹、交通摄像头图像等通常会被分成小块，然后分布到多个计算节点上。这可以通过分布式文件系统（例如 HDFS）来实现，每个计算节点只处理分配给它的数据分片。分布式计算允许多个计算节点并行处理数据，这意味着不同的数据分片可以在不同的计算节点上同时处理，从而大大提高了数据处理速度，进而帮助实时交通大数据处理和大规模数据分析。

(5) 可视化仪表板：交通大数据通常包括大量的地理信息数据，如交通流量、车辆轨迹、交通信号状态等。这些数据如果以表格或原始数据形式呈现，难以被理解和分析。大数据的可视化有助于传达信息，交通管理部门与城市规划者可以使用可视化向公众传达交通状况、规划项目的进展和安全问题。交通大数据的应用中可以使用 Tableau、Power BI、D3.js 等可视化工具来创建交通大数据可视化仪表板，交通管理部门可以使用可视化仪表板来监控城市的实时交通状况、识别拥堵点和事故，以及调整信号配时；城市规划者可以使用可视化工具来模拟不同的城市规划方案，以评估其影响并做出决策。交通事故数据可以通过可视化呈现，帮助交通管理部门和执法部门确定安全区域并采取行动。

(6) 云计算和容器化：云计算是一种通过互联网提供计算资源和服务的方式，通常包括计算能力、存储资源和网络资源。首先在交通大数据计算中，交通系统的负载可能会在不同时间和地点发生巨大变化，云计算允许根据需要动态调整计算资源，以满足高峰期的需求，从而提高系统的性能和可伸缩性。其次，交通大数据通常数量庞大，包括车辆轨迹、交通流量、天气数据等。云计算提供了大规模数据存储和处理的能力，以便分析这些数据并提取有用的信息。云计算平台通常支持多种编程语言和工具，因此开发人员可以选择最适合他们的工具来构建交通分析应用程序。最后，云计算也提供了高可用性和冗余性，确保交通数据分析系统的稳定性和可靠性。容器化是一种虚拟化技术，允许应用程序及其依赖项在独立的容器中运行，容器化技术能够确保交通数据分析应用程序与其依赖项之间的隔离，防止不同应用程序之间的冲突。这有助于维护系统的稳定性，也可以提高交通中程序的可移植性与快速部署效率。

(7) 决策支持系统：交通大数据计算技术中的决策支持系统是一个重要组成部分，旨在为交通规划、运营和管理等领域提供数据驱动的决策支持。决策支持系统可以用于交通规划和模拟，帮助城市规划者和交通管理部门制订长期和短期的交通改善计划。仿真工具可以模拟不同策略和方案的影响，以优化交通流动性并提高通行效率。决策支持系统还可以集成自动化决策引擎，使其能够根据数据和预定的规则自动执行特定的操作，如调整信号灯、路线导航或实施紧急交通管理措施。决策支持系统也可以用于交通安全和应急管理，提供警报和通知，以便及时应对交通事故、恶劣天气或其他紧急情况。

这些交通大数据计算技术可以协助分析交通大数据，提供有关交通系统性能、趋势和问题的见解，并支持更智能的交通规划和管理。随着大数据技术的不断进步和交通大数据规模的不断增长，交通大数据计算技术将继续发展和演进，以解决日益复杂的交通问题。

1.4 交通大数据行业困境

1.4.1 行业标准不统一、数据融合困难

在综合交通运输行业，存在着明显的大数据行业标准不统一的问题。交通大数据存在多样性、复杂性的特点，包含了文本、图片、视频等结构化、半结构化与非结构化的数据。以数据收集设备前端传感器为例，由不同的生产与安装厂家铺设的前端传感器可以用于收集交通大数据，但这些前端传感器行业没有统一的接口标准，使得全省甚至同一个县市的不同数据平台之间的连接和数据兼容变得困难。

各政府部门、各系统、各企业间有很多数据是独立存储的，各自为政：一是数据的储存标准与格式不统一；二是数据开放、数据交换和数据交易这三大体系未打通。目前在综合交通运输行业没有一个成规模的大数据平台来进行数据的统一标准制定与管理，造成了对开展大数据深度整合、分析、应用工作的阻碍。同样地，一些地方在规划和建设交通大数据平台的过程中，不注重大数据平台的顶层设计，也缺乏相关的管理、考核、监督机制，这使得建设过程中容易出现仅关注单个信息化项目、单个领域信息化建设的现象，对整个大数据平台的统筹规划和总体架构把握不够，难以实现智慧城市建设平台化、集成化发展，从而在建设过程中形成新一轮数据"孤岛"。

1.4.2 数据收集不足、分析方法单一

在数据应用层之前，最重要的是大数据的收集与分析，但目前交通大数据存在数据收集不足与数据分析方法单一的问题。

尽管已经进入了大数据时代，大量的数据时时刻刻都在生成，但综合交通运输行业场景人工智能应用相关的训练测试集没有被有效地收集，数据也缺乏标注。目前行业大量依赖国外数据集，但由于综合交通运输行业的国内外标准不一样，造成本土化的大数据应用存在缺陷，导致"水土不服"的现象。

目前综合交通运输行业还存在感知数据收集不全面的问题，因缺乏全面感知的数据，无法对事件发生的根本原因通过仿真等方式展开溯源，无法确定问题症结，导致无法实现精准化管控。因缺乏数据支撑，系统预测能力差，无法为人工决策提供有效的辅助，目前综合交通运输行业涉及决策的场景还是取决于指挥人员的经验，没有达到"少

人化",减少一线工作人员作业量的目的。同样,目前基层人员缺乏专业知识,数据分析手段过于单一,大数据应用最多的方向往往是基础的数据统计与综合指挥演示,缺乏深度的数据分析与数据应用,没有充分挖掘数据的价值。

1.4.3 数据运维水平低、数据管理能力差

数据从原始层进入数据仓库与应用层往往需要对数据进行预处理,但很多时候在实际场景中,存在数据采集基础设施运维困难与数据管理缺陷,导致数据不完整、不正确与不相关,进而导致了数据预处理的困难,最终使得数据仓库与应用层的使用不合理。

数据运维与数据管理的水平低有两大原因:一是运行业务与维护业务之间缺少联动与协同,统一业务跨路径、跨路网、跨区域的协同不密切,运维人员缺乏专业知识,造成数据采集设备与数据库的损坏、容灾解决方案的设计和实施的缺席。二是一些项目缺乏运维管理的长效机制,缺乏相应的配套政策和法治环境,使市场配置资源的基础性作用难以发挥,无法激发社会力量参与大数据平台建设的积极性和创造性,最终导致项目难以持续。

1.4.4 数据存在安全风险、隐私保护需要完善

我国综合交通运输行业目前还没有一个统一的数据处理平台对产生的海量数据进行保护、挖掘、分析、利用,也没有对产生的数据特征进行识别,甚至在生产过程中产生的原始数据由于存储空间等问题会被定期删除,或者存下来的数据未能进行高效处置,使大量数据资源闲置浪费,加之行业长期以来存在"重建设、轻管理"的现象,信息系统建设过程当中针对数据的存储保护较为薄弱,经常会发生数据丢失、数据泄露等事件。

据媒体报道,某打车软件存在司机身份证号码被占用、车牌被注册的现象。在信息被盗用的背后,不容忽视的是运营车辆隐私泄露的黑灰产业链。从近年来不断发生的数据泄露事件可以看出,综合交通运输行业的大数据首先存在隐私保护关键技术不完善的问题;其次存在隐私保护法律法规不健全的问题;最后存在个人隐私保护意识薄弱的问题。隐私侵权的行为在目前的技术手段及立法水平层面上是无法被根除的,但交通大数据的发展和普及让隐私保护面临前所未有的挑战,这要求我们在进行交通大数据建设的同时,重视数据安全风险问题。

1.4.5 大数据投入成本过高、存储与计算效率过低

大数据平台前期投入与具体应用存在成本过高的问题。数据的收集、标注、存储、计算、管理等环节都需要大量的投入。在进行大数据的深度开发与应用时,需要大量的计算机算力、服务器与机房等各类硬件、软件设施及专业人才的支撑。在很多时候,前

期投入成本过高是阻碍各地政府建设大数据平台的最重要原因。所以如何降低大数据平台建设与管理的成本是亟须解决的问题。

由于大数据成本的过高,以优化交通大数据的存储方法来降本增效成为非常重要的手段。存储优化的方法有很多,比如数据压缩、数据重分布、存储治理项优化、生命周期管理等。以生命周期管理策略为例,当数据库中存在因业务变更与人员流动而产出的长期无人使用的表时,可以采用分区的过期策略,对无效的历史数据进行定期清理。同样地,大数据计算也存在优化方法。比如防止数据倾斜、防止数据膨胀、小文件优化、并行执行优化等。以防止数据膨胀为例,当数据的输出规模远远大于数据的输入规模时,就说明可能存在数据膨胀的现象,这时候就需要采取分区过滤、慎用"SELECT *"等手段对任务进行优化,从而达到优化性能的目的。

1.5 本章小结

本章探讨了交通大数据的定义、基本结构、特征、内涵、基本类型与特点、应用场景,以及数据存储和计算技术。随着数字化、网络化和智能化的风潮不断涌现,交通大数据已经成为综合交通运输行业的关键支持工具,对交通规划、运营和管理产生了深远影响。然而,我们不可忽视当前行业面临的挑战,包括标准不统一、数据收集不足、数据运维水平低、数据安全存在风险等。只有使用合适技术、抓住主要矛盾、掌握有效方法,才能确保交通大数据的有效应用和可持续发展。

后续章节紧密相连、层层递进,共同构建了交通大数据知识体系。从Git使用开始,这为后续所有涉及的代码、文档等内容的管理提供了有效的版本控制基础。在交通大数据相关项目中,无论是算法开发还是文档记录,Git能确保规范操作、便于回溯和团队协作。接着数据库应用与数据组织为后续的操作、管理与优化奠定基石。

此外,交通大数据中的各类数据如车辆轨迹、道路流量等,需先通过合理组织确定数据结构与存储方式,之后才能进行精准的增、删、改、查等操作,并进一步对数据库进行性能管理与优化,保障数据安全、高效存储。

随着数据量的不断增长,对大规模处理数据的要求不断提高。分布式系统可分散处理大规模交通数据,提高处理效率;Hadoop适合大规模数据分布式存储和离线批处理,Spark在内存计算和快速迭代计算方面独具优势,二者结合可满足交通大数据从存储到计算的多种需求。

最后,虚拟化技术与Docker提供资源整合与环境管理方案。虚拟化技术高效利用资源,Docker将应用及其依赖环境打包,方便在不同环境中快速部署和迁移交通大数据分析应用等,确保应用在各环境中一致运行,减少因环境差异产生的问题。

通过这些内容的依次深入讲解,为读者提供全面理解和应对现代交通领域挑战的有力工具,助力交通大数据的有效应用和可持续发展。

1.6 本章习题

1. 在交通大数据的基本结构中,数据仓库层有哪些细分部分?它们分别承担什么样的数据存储和处理任务?

2. 在交通大数据存储系统的特征中,为何可靠性、稳定性被列为选择存储设备的基础要求?请简要说明可靠性和稳定性在交通大数据存储中的重要性。

3. 在交通大数据计算技术中,为何实时流数据处理被认为是非常重要的一项技术?

1.7 参考文献

[1] 陆化普,孙智源,屈闻聪. 大数据及其在城市智能交通系统中的应用综述[J]. 交通运输系统工程与信息,2015,15(5):45-51.

[2] 廉华. 基于Hadoop的建筑能耗大数据存储分析平台的设计[D]. 杭州:浙江理工大学,2020.

[3] 梁霄,汤宁,张玮. 基于云存储的电力全量业务数据归集体系研究[C]//2018智能电网信息化建设研讨会论文集,2018.

[4] 王涛涛,姚磊岳. 面向智能交通系统的大数据分布式存储算法[J]. 计算机仿真,2022,39(1):138-142.

第 2 章 Git 的基础使用

交通大数据具有庞大的数据集、多样的数据类型和快速的数据生成速度。在交通大数据应用项目的实践中,高效处理与深入分析这些数据显得尤为关键。因此,项目团队往往由多位开发者组成,每位成员均会对代码库进行相应的修改与调整。在这样的背景下,项目管理与版本控制的重要性便突显出来,成为项目成功的关键所在。

针对数据存储与计算需要进行大量的协作操作这一问题,Git 作为一个强大的分布式版本控制系统,可以有效管理交通大数据应用项目的代码和协作工作。考虑到交通大数据应用项目需要进行大规模数据处理和多人协作,Git 作为一个高效且稳定的协作工具,能够有效地管理交通大数据应用项目的代码。

本章将深入介绍 Git 的常用方法,以及如何在交通大数据存储与计算中使用 Git 来管理代码的版本迭代、提升团队的协作效率。本章还将探讨如何在本地库中完成新功能的开发,检查无误后再将其推送给其他开发者,而本地开发不会影响其他团队成员的工作。这将有助于提高项目的质量、效率和可维护性。

2.1 背景介绍

Git 是一款强大的版本控制系统,它不仅能够精准地跟踪代码库中的版本变迁,还在交通大数据领域展现出了广泛的应用前景。在本节中,我们将对 Git 的基本知识进行详细的介绍,包括其安装、配置、常用命令等。通过掌握这些知识,读者将能够更好地利用 Git 进行版本控制与协作管理,为交通大数据应用项目的成功实施提供有力的保障。

2.1.1 版本管理

在交通大数据处理的实践中,随着项目的不断推进,会产生海量的代码与文档。由于交通领域的特定需求常带有不确定性,开发人员往往需要频繁地迭代与修改项目文件,这无疑会进一步增加文档管理工作的复杂性和工作量。因此,开展软件配置管理工作,特别是实施版本控制,显得尤为重要。

版本控制不仅能够帮助开发人员精准地记录每一次变更,还能够确保这些变更得到有序的管理。通过利用 Git 这样的版本控制系统,我们能够轻松追踪代码和文档的每一个版本,从而确保项目的完整性和可回溯性。

在交通大数据应用项目中，通常会有多个团队成员共同参与数据分析、模型开发等核心工作。Git 的分支和合并功能为团队协作提供了极大的便利。团队成员可以基于主分支创建自己的特性分支，独立进行开发，而不会干扰其他人的工作。当特性开发完成后，再通过合并操作将代码集成到主分支中。这样的工作流程不仅能够有效避免代码冲突，还能够确保团队工作的有序进行。

版本控制，是维护工程蓝图的标准做法，能追踪工程蓝图从诞生一直到定案的过程。此外，版本控制也是一种软件工程技巧，借此能在软件开发的过程中，确保由不同人所编辑的同一程序文件都得到同步，透过文档控制，记录任何工程项目内各个模块的改动历程，并为每次改动编上序号[1]。一种简单的版本控制形式如下：赋给图一个版本等级 A。当做了第一次改变后，版本等级改为 B，以此类推，版本控制能提供项目的设计者，将设计恢复到之前任意状态的选择权。

修改只要提交到版本控制系统，基本都可以找回，每一个版本控制系统仅仅对应一个项目。因此，在本地只存在一个版本，那就是这个项目的当前工作版本。除此之外，之前的版本和改动都已经被有序地存储在版本控制系统中了，当需要时，可以随时查看之前的任何一个版本，而且还可以获取整个项目的快照。版本控制系统能够回到任何一个时间点。通过版本控制可以：

（1）协同修改：多人并行的修改服务器端的同一个文件。

（2）数据备份：不仅保存目录和文件的当前状态，还能保存修改和提交过的任一时刻的历史状态。

（3）版本管理：在保存每一个版本的文件信息时，避免保存同样的版本重复的数据，以节省存储，提高效率。Git 采取的是文件系统快照（就像将文件以照片的形式保存下来，并不保存文件，但需要文件时查看照片也可直接获得文件）的方式。

（4）历史记录：查看修改人、修改时间、修改内容和日志信息，将本地文件恢复到某一个历史状态。

（5）分支管理：允许开发团队在工作过程中进行多人操作，同时推进任务。

总的来说，虽然 Git 并非专门设计用于处理交通大数据，但它提供了一套有效的工具和方法，可以在软件开发和数据科学项目中提高团队的协作效率，确保代码和数据的可追溯性、可维护性。

版本控制系统的发展可以分为本地版本控制系统、集中式版本控制系统以及分布式版本控制系统三个阶段。

● **本地版本控制系统**

传统版本控制方法是通过复制整个项目目录的方式来保存不同的版本，其好处是操作简单，但是特别容易犯错。有时候会混淆所在的工作目录，写错文件或者覆盖意想之外的文件。

为了解决这个问题，人们早期开发了许多种本地版本控制系统（Version Control

System,VCS),大多是采用某种简单的数据库来记录文件的历次更新差异。其中最流行的一种叫作本地控制系统(Revision Control System, RCS),现今许多计算机系统上都还看得到它的踪影[2]。RCS 的工作原理如图 2-1 所示,在硬盘上保存补丁集(补丁是指文件修订前后的变化);通过应用所有的补丁,可以重新计算出各个版本的文件内容。

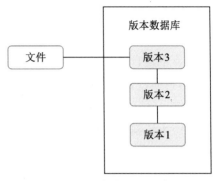

图 2-1 本地版本控制系统

● **集中式版本控制系统**

不同系统上的开发者协同工作是一个重要问题,而集中式版本控制系统(Centralized Version Control System,CVCS)提出了很好的解决方法[3]。如图 2-2 所示,这类系统,诸如 CVS、Subversion 以及 Perforce 等,都有一个单一的集中管理的服务器,保存所有文件的修订版本,而协同工作的人们都通过客户端连到这台服务器,取出最新的文件或者提交更新文件。

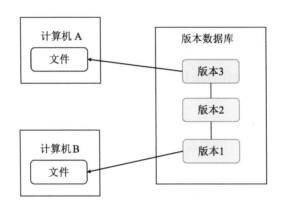

图 2-2 集中式版本控制系统

不同于本地版本控制系统,该方法能够使得每个人都在一定程度上看到项目中其他人的工作。而管理员也可以轻松掌控每个开发者的权限,并且管理一个 CVCS 要远比在各个客户端上维护本地数据库简单。但是也存在缺点,主要是中心服务器的单点故障:

(1) 如果宕机发生,所有用户都无法提交更新文件,也就无法协同工作。

(2) 如果中心数据库所在的磁盘发生损坏,又没有做恰当备份,将丢失所有数据,包括项目的整个变更历史。

● **分布式版本控制系统**

鉴于本地版本控制系统只要整个项目的历史记录被保存在单一位置,就有丢失所有历史更新记录的风险,分布式版本控制系统(Distributed Version Control System,DVCS)面世了[4]。如图 2-3 所示,在这类系统中,像 Git、Bazaar 以及 Darcs 等,客户端并不只是提取最新版本的文件快照,而是把代码仓库完整地镜像下来,包括完整的历史记录。这么一来,任何一处协同工作用的服务器发生故障,事后都可以用任何一个镜像出来的本地仓库恢复。因为每一次的克隆操作,实际上都是一次对代码仓库的完整备份。

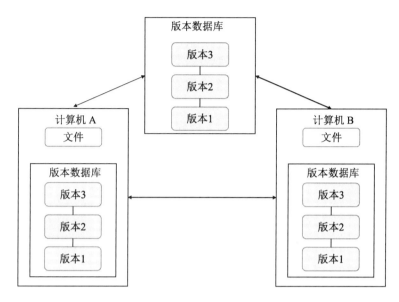

图 2-3　分布式版本控制系统

不仅如此,Git 等分布式版本控制系统允许用户与多个不同的远端代码仓库进行交互。这种灵活性使得用户能够在同一个项目中与不同工作小组的成员协作,从而适应多样化的团队协作需求。根据项目的实际情况,用户可以灵活设定不同的协作流程,如层次模型式的工作流等,这在传统的集中式版本控制系统中是难以实现的。

分布式版本控制系统的出现,有效弥补了集中式版本控制系统的某些缺陷。在分布式系统中,即使服务器出现断网情况,开发人员仍然可以在本地进行开发工作。这是因为版本控制主要在本地进行,每个客户端都保存有完整的项目历史记录,这种设计使得系统更加可靠和安全。

总的来说,分布式版本控制系统为交通大数据应用项目中的团队协作和版本控制提供了强大的支持。它使得团队能够更加高效、灵活地协作,提高了项目的开发效率和质量。因此,在交通大数据领域,掌握并熟练运用分布式版本控制系统是每一个开发者都应该具备的重要技能。

2.1.2　Git 简介

本地版本控制系统功能单一,很难实现多人协同开发,在如今的项目中很少使用。在实际的开发环境中,软件开发项目常以多人协作的方式开发,集中式版本控制系统解决了协同工作的难题,但是所有版本均保存在中心服务器,一旦中心服务器发生文件丢失将无法修复,面临巨大的开发风险。在这种背景下,无中心服务器的分布式版本控制系统应运而生。每个使用分布式版本控制系统的协同开发者都拥有一个完整的版本数据库,因此,无论哪台服务器发生故障,都可以通过其他开发者的本地仓库来恢复项目[5]。其中,由 Linux 团队开发的开源分布式版本控制系统 Git 受到众多项目团队的青睐。Git 是一个开源的分布式版本控制系统,目前已成为项目管理中版本控制的优选方案。

如图 2-4 与图 2-5 所示,相比于 CVCS 只有一个单一的集中管理的服务器,保存所有文件的修订版本,而协同工作的人们都通过客户端连到这台服务器,取出最新的文件或者提交更新文件。Git 每一个终端都是一个仓库,客户端并不只是提取最新版本的文件快照,而是把原始的代码仓库完整地镜像下来。每一次的提取操作,实际上都是一次对代码仓库的完整备份。Git 不仅仅是一个版本控制系统,也是一个内容管理系统(Content Management System,CMS)、工作管理系统等。

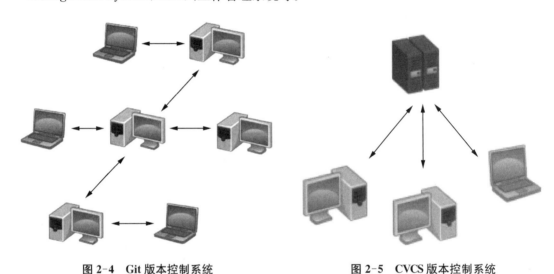

图 2-4　Git 版本控制系统　　　　　图 2-5　CVCS 版本控制系统

作为一款开源的分布式版本控制系统,Git 可以有效、高速地处理从很小到非常大的项目版本管理,综上,Git 具有以下优点:

(1) 作为分布式版本管理系统,Git 不会出现中心服务器死机而影响工作的情况。
(2) Git 的社区灵活,拥有丰富的资料来进行学习查阅。
(3) Git 是开源的,它强调个体。
(4) 公共服务器压力不会太大,大小项目均可管理,拥有良好的分支机制。
(5) 可以很容易地解决任意两个开发者之间的冲突。

2.1.3　Git 命令行

Git 是一个强大的分布式版本控制系统,它提供了丰富的命令行工具,用于管理和跟踪软件项目的版本控制。Git 命令行是指通过命令行界面(通常是终端或命令提示符窗口)使用 Git 版本控制系统的方式。Git 命令行允许用户通过键入特定的命令和选项来执行各种 Git 操作,例如创建新的代码库、跟踪文件更改、提交更改、合并分支、查看提交历史等。在 Git 命令行中,用户可以使用一系列 Git 命令来与代码仓库进行交互,这些命令通常具有特定的语法和选项[6]。

Git 本地工作是通过维护不同的文件状态来实现的,可分为三个区,如图 2-6 所示。工作区(Working Directory):这是开发时对文件进行直接编辑修改的区域。开发完成后,如果想把自己的修改提交到远程仓库对应的分支,还有两个状态要走。暂存区(Stage):工作区的修改,首先要提交到暂存区,暂存区是工作区到本地仓库的一个过渡,可通过 add 命令将工作区修改加入暂存区。本地仓库:通过 add 加入暂存区的文件修改,如果要放入本地仓库,可通过 commit 命令来操作,至此,工作区的修改才放入本地仓库,修改放入本地仓库后,才算准备好提交到远程仓库上。最后,通过 push 命令即可将本地修改推送到远程仓库对应分支上。

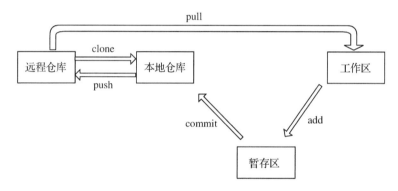

图 2-6　Git 工作流程

(1) Git clone(克隆):从远程仓库中克隆代码到本地仓库。
(2) Git add(添加):将工作区修改后的代码添加到暂存区。
(3) Git commit(提交):将暂存区代码提交到本地仓库。
(4) Git push(推送):将本地仓库中的代码推送到远程仓库。
(5) Git pull(拉取):拉取远程仓库的代码到工作区。

总体来说就是从远程仓库中克隆代码到本地仓库,在克隆的资源上添加或修改文件。如果其他人修改了,你可以更新资源。在提交前查看修改,确定后提交。在修改完成后,如果发现错误,可以撤回提交并再次修改和提交。

2.1.4　Git 安装

● **Linux 安装(以 Git 2.38.0 为例)**

1. 通过 yum 安装

在 Linux(CentOS 7)上可以利用 yum 安装 Git,如图 2-7 所示,只需要一行命令即可完成。

1. yum -y install git

```
[root@fzl /]# yum -y install git
已加载插件：fastestmirror
Loading mirror speeds from cached hostfile
 * base: mirrors.163.com
 * extras: mirrors.163.com
 * updates: mirrors.163.com
base                                               | 3.6 kB  00:00:00
docker-ce-edge                                     | 3.5 kB  00:00:00
docker-ce-stable                                   | 3.5 kB  00:00:00
docker-ce-test                                     | 3.5 kB  00:00:00
extras                                             | 2.9 kB  00:00:00
updates                                            | 2.9 kB  00:00:00
updates/7/x86_64/primary_db                        | 168 kB  00:00:00
正在解决依赖关系
```

图 2-7　yum 命令安装

安装完毕之后可以输入"git --version"查看 Git 是否安装完成及其版本号。

2. 通过官方安装包安装

通过 yum 安装的版本可能不是 Git 最新的版本，而通过下载官方安装包进行安装，可以获得任意版本。如果之前下载过 Git，需要使用如下命令卸载旧版 Git，否则无法安装其他版本的 Git：

1. yum -y remove git

卸载完旧版 Git 就可以安装任何一种想要的版本，这里以安装 Git 2.38.0 为例。

（1）官网下载安装包

进入官网，下载安装包，如图 2-8 所示：

图 2-8　Linux Git 安装包下载页面

（2）解压安装包

利用 Xftp 工具将压缩包上传至 Linux 服务器 /usr/local 目录下，并进入目录，使用 tar -zxvf git-2.38.0.tar.gz 命令解压 Git 文件。

(3) 安装编译所需要的依赖

在编译源码前,需要使用如下命令安装编译所需要的依赖,如图 2-9 所示:

```
1. yum install curl-devel expat-devel gettext-devel openssl-devel zlib-devel gcc
perl-ExtUtils-MakeMaker
```

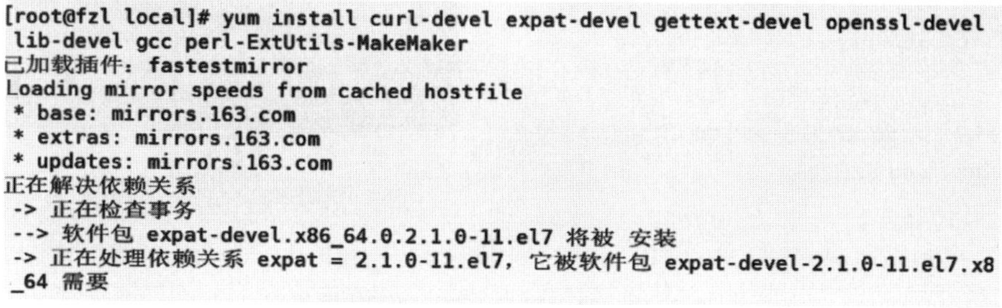

```
[root@fzl local]# yum install curl-devel expat-devel gettext-devel openssl-devel
 lib-devel gcc perl-ExtUtils-MakeMaker
已加载插件: fastestmirror
Loading mirror speeds from cached hostfile
 * base: mirrors.163.com
 * extras: mirrors.163.com
 * updates: mirrors.163.com
正在解决依赖关系
 --> 正在检查事务
 ---> 软件包 expat-devel.x86_64.0.2.1.0-11.el7 将被 安装
 --> 正在处理依赖关系 expat = 2.1.0-11.el7, 它被软件包 expat-devel-2.1.0-11.el7.x8
 _64 需要
```

图 2-9 命令行安装依赖界面

(4) 编译 Git 源码,进入 cd /usr/local/git-2.25.4 目录

```
1. make prefix= /usr/local/git all
```

(5) 安装 Git 至/usr/bin/git 路径

```
1. make prefix= /usr/local/git install
```

(6) 配置环境变量

```
1. vi /etc/profile
```

在底部加上如下命令:

```
1. export PATH= $ PATH:/usr/bin/git/bin    # 你的 Git 安装地址
```

刷新环境变量:

```
1. source /etc/profile
```

(7) 完成安装

可以使用如下命令检查是否成功安装:

```
1. git --version
```

● MacOS 安装

1. 第一种方法:通过官方安装包安装

直接在官网下载安装包进行安装,如图 2-10 所示,按照其默认配置安装即可。

2. 第二种方法:通过 homebrew 安装

(1) 安装 homebrew

在终端输入:

```
1. /usr/bin/ruby -e "$
2. (curl -fsSL    https://raw.  githubusercontent.   com/Homebrew/install/master/
install)"
```

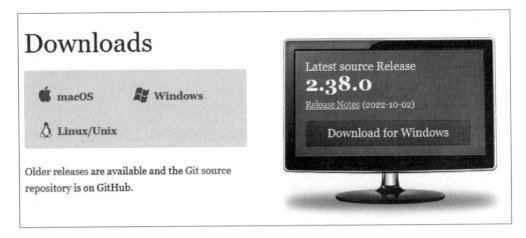

图 2-10　MacOS Git 安装包下载界面

（2）安装 Git

在终端输入：

```
1. brew install git
```

安装完成后可以使用 git --version 命令检查是否成功安装，如果出现版本号则说明安装成功。

● Windows 安装

（1）根据操作系统从官网上下载合适的安装包，分为 32 位和 64 位，如图 2-11 所示。

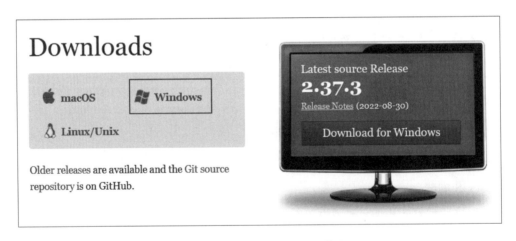

图 2-11　Windows Git 安装包下载界面

（2）下载完成后双击 exe 文件，直接打开安装包，如图 2-12 所示，正常情况下使用 Git 默认的配置，一路点击"Next"即可。

（3）安装成功后在左面点击鼠标右键，点击菜单中的"git bash"，打开 Git 控制终端，利用 git --version 命令查看版本号，若出现版本号则说明安装成功。

（4）配置环境变量，支持集成开发环境（Integrated Development Environment，

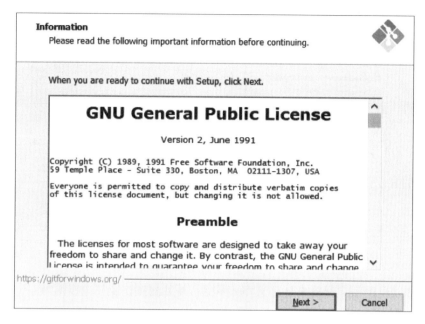

图 2-12　Git 安装界面

IDE)。完成以上的安装后,Git bash 可以正常运行,但是一些 IDE 集成的终端或者第三方终端还无法运行 Git 工具,例如 Android Studio。因此需要对环境变量进行配置。在系统的高级设置中找到环境变量,在环境变量中找到系统变量中的 path,将 Git 的路径添加到系统变量中去,具体操作如图 2-13 和图 2-14 所示。

图 2-13　环境变量设置

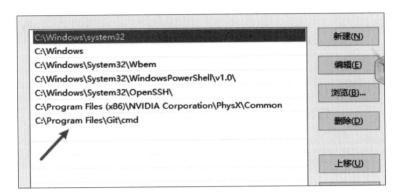

图 2-14　Git 路径设置

2.1.5　Git 基础配置

Git 可以通过基础配置来自定义 Git 环境。基础配置涉及三个作用域：

（1）系统 system（层级）：当执行 git config --system 命令进行配置时，会对/etc/gitconfig 文件（Windows 下是 C:\ProgramData\Git\config）进行修改。对此层级的操作包含系统上每一个用户及其对应仓库的通用配置，且需要管理员或超级用户权限。

（2）全局 global（层级）：当执行 git config --global 命令进行配置时，会对~/.gitconfig 文件或~/.config/git/config 文件（Windows 下通常是 $HOME 目录下的.gitconfig 文件）进行修改。对此层级的操作只针对当前用户及其对应仓库的通用配置。

（3）局部 local（层级）：当执行 git config --local 命令进行配置时，会对.git/config 文件进行修改。对此层级的操作只针对当前仓库的配置，且需要进入指定仓库才能执行此操作。

注意，配置作用域会逐级覆盖，即在优先级上：局部层级配置大于全局层级配置，全局层级配置大于系统层级配置。

初次使用 Git 时，需要对用户信息进行配置。必要的用户信息包括用户名和邮件地址，因为 Git 在每一次提交都会使用这两个信息。通常默认使用全局层级配置，这将应用于当前用户的所有仓库中：

```
1. $ git config --global user.name tlab
2. $ git config --global user.email tlab@ example.com
```

在配置好用户信息后，可以通过 git config --list 命令列出 Git 的配置信息，也可以通过限定作用域来列出指定作用域的配置信息（如 git config --global --list 命令），还可以通过输入指定配置项来列出其对应的值（如 git config --global user.name 命令）。

2.2　Git 基础操作

本节介绍如何建立一个 Git 版本库、如何通过跟踪—暂存—提交等一系列操作熟悉

Git 基本流程、如何撤销错误操作、如何比较差异,以及 Git 中的分支操作等。

2.2.1 建立版本库

通过建立版本库,可以对本地目录进行版本控制。有两种方式建立版本库:
(1) 从头开始新建版本库。执行如下命令:

```
1. $ git init my_project
2. $ cd my_project
```

(2) 为已有项目新建版本库。执行如下命令:

```
1. $ cd my_project
2. $ git init
```

以上命令将创建一个名为".git"的 Git 版本库,其包含了初始化 Git 版本库的所有必要文件。

Git 中的三个区域如图 2-15 所示:

(1) 工作区(Working Directory):针对某个版本历史检出的文件目录,可以进一步开发或修改。

(2) 暂存区(Stage):是 Git 版本库的一个索引文件,记录了即将提交的文件列表信息。

(3) Git 版本库(Repository):是 Git 用来保存项目元数据和对象的仓库。克隆就是拷贝 Git 版本库中的数据。

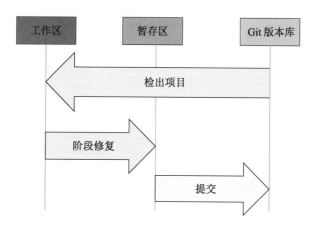

图 2-15　Git 三大工作区

使用 Git 进行版本控制,常用的操作流程如下:
(1) 为开发特定功能模块,在工作区中,对若干文件进行操作。
(2) 选择满足功能模块要求的一部分文件,将这些文件添加至暂存区。
(3) 将暂存区的文件统一提交,在 Git 版本库中永久性地保存当前所开发功能模块的版本历史。

工作区中的文件无非两种状态：已跟踪（tracked）或未跟踪（untracked）。已跟踪文件即已经被 Git 进行版本控制的文件，在经过一段时间的工作后，其工作状态可能是未修改、已修改或已暂存，如图 2-16 所示；未跟踪文件即不存在于上一次提交的记录中，也不存在于暂存区。

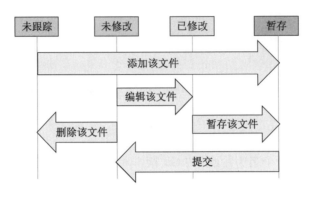

图 2-16　文件的状态变化周期

注意，为已有项目新建版本库时，仅仅是初始化了一个版本库，未对本地仓库中的相关文件进行版本控制，需要使用 git add 命令进行跟踪，并通过 git commit 命令完成初始的版本提交。

接下来将以新建的版本库为例，介绍 Git 的常用命令。

2.2.2　新建文件

进入新建的 my_project 项目工作区，执行如下命令：

```
1. $ echo 'Welcome to learn git! ' > readme.md
```

上述命令在工作区新增了一个 readme.md 文件。可以用 git status 命令来查看工作区的文件状态，其输出为：

```
1. $ git status
2. On branch master
3. No commits yet
4. Untracked files:
5.   (use "git add <file> ..." to include in what will be committed)
6.         readme.md
7. nothing added to commit but untracked files present (use "git add" to track)
```

从上述输出结果可以发现，新建的 readme.md 文件出现在"Untracked files"下，表明目前文件还没有被跟踪。git add ⟨file⟩是将文件添加进暂存区进行跟踪的命令，不仅可以指定文件名，也可以指定文件目录。当指定目录时，命令会递归跟踪目录下的所有文件。执行如下命令：

```
1. $ git add readme.md
```

在执行上述命令后,再用 git status 命令来查看工作区的文件状态,其输出为:

```
1. $ git status
2. On branch master
3. No commits yet
4. Changes to be committed:
5.   (use "git rm --cached <file>..." to unstage)
6.         new file:   readme.md
```

从上述输出结果可以发现,readme.md 文件出现在"Changes to be committed"下,表明目前文件已经被置入暂存区并被跟踪,处于待提交状态。可以继续向暂存区添加一些其他的文件,当这些文件达到开发过程的某个阶段,满足某项功能模块要求时,可以执行 git commit -m ⟨message⟩ 命令进行当前版本的提交。这里,假定添加 readme.md 文件可以视为完成项目初始化。执行如下命令进行提交:

```
1. $ git commit -m 'init readme.md'
2. [master (root-commit) 7084e98] init readme.md
3.  1 file changed, 1 insertion(+)
4.  create mode 100644 readme.md
```

上述命令在 Git 版本库中创建了一个新的版本,其输出结果表明:当前版本是由 master 分支提交的,SHA-1 校验和是 7084e98。

在执行上述命令后,再用 git status 命令来查看工作区的文件状态,其输出为:

```
1. $ git status
2. On branch master
3. nothing to commit, working tree clean
```

从上述输出结果可以得知,在 master 分支上,当前工作区是干净的,所有已跟踪文件在提交后均未进行变更,且并未出现新的未跟踪文件。上述命令成功完成了新建文件的操作。

2.2.3 修改文件

第 2.2.2 节介绍了如何新建一个文件并提交至 Git 版本库的全过程,它满足了 Git 常用的操作流程:在工作区修改文件、将所修改的文件提交至暂存区、将暂存区的文件提交到 Git 版本库中。

此外,Git 还提供了一个略过暂存文件的过程,直接将工作区文件的改动提交至 Git 版本库中,但此方法仅适用于已被跟踪且修改过的文件。接下来介绍如何修改一个文件并提交。执行如下命令:

```
1. $ echo 'by tlab' >> readme.md
```

上述命令对工作区中的 readme.md 文件追加了一行内容。可以用 git status 命令来查看工作区中的文件状态，其输出为：

```
$ git status
On branch master
Changes not staged for commit:
  (use "git add <file> ..." to update what will be committed)
  (use "git restore <file> ..." to discard changes in working directory)
        modified:   readme.md
no changes added to commit (use "git add" and/or "git commit -a")
```

从上述输出结果可以发现，修改的 readme.md 文件出现在"Changes not staged for commit"下，表明已跟踪文件内容发生了修改，还没有被暂存。可以按照第 2.2.2 节的方式，先通过 git add ⟨file⟩ 命令将其置入暂存区，再通过 git commit -m ⟨message⟩ 命令，将其提交至 Git 版本库；也可以直接执行 git commit -a -m ⟨message⟩ 命令，直接将其提交至 Git 版本库。执行如下命令进行提交：

```
$ git commit -a -m 'update readme.md'
[master 17ad193] update readme.md
 1 file changed, 1 insertion(+)
```

上述命令在 Git 版本库中创建了一个新的版本，其输出结果表明：当前版本是由 master 分支提交的，SHA-1 校验和是 17ad193。上述命令成功完成了修改文件的操作。

2.2.4 重命名文件

以重命名工作区 readme.md 文件为例进行介绍。执行如下命令：

```
$ git mv readme.md README
```

上述命令修改 readme.md 文件的名称为 README。可以用 git status 命令来查看工作区中的文件状态，其输出为：

```
$ git status
On branch master
Changes to be committed:
  (use "git restore --staged <file> ..." to unstage)
        renamed:    readme.md -> README
```

从上述输出结果可以得知，已跟踪文件 readme.md 在执行操作后，出现在"Changes to be committed"下，表明重命名操作已经被置入暂存区并处于待提交状态。此时 Git 明确地说明了正在进行重命名操作。事实上，git mv 命令等价于执行以下三条命令：

```
1. $ mv readme.md README
2. $ git rm readme.md
3. $ git add README
```

其中，git rm〈file〉命令是一条移除文件的命令，将在后面的小节中介绍。执行如下命令进行提交：

```
1. $ git commit -m 'rename readme.md README'
2. [master 3f31126] rename readme.md README
3. 1 file changed, 0 insertions(+), 0 deletions(-)
4. rename readme.md = > README（100%）
```

上述命令在 Git 版本库中创建了一个新的版本，其输出结果表明：当前版本是由 master 分支提交的，SHA-1 校验和是 3f31126，效果是将 readme.md 文件重命名为 README。上述的命令，成功完成了重命名文件的操作。

2.2.5 查看版本历史

经过前面几节的介绍，分别提交了三个版本历史，分别是上传一个新建的 readme.md 文件、对 readme.md 文件进行更新、将 readme.md 文件重命名为 README。git log 命令提供了简单、高效的版本历史查询功能，本节学习 git log 的一些常用命令。

不加参数地使用 git log 命令。执行如下命令：

```
1. $ git log
2. commit 3f31126ec638ae74f2dbc1ad9e1a021cf25d19bc（HEAD - > master）
3. Author: tlab < tlab@ example.com>
4. Date:   Sun Nov 27 21:12:28 2022 + 0800
5.     rename readme.md README
6. commit 17ad1939b47691d4f18ccb203a438ff5ee4f4d5a
7. Author: tlab < tlab@ example.com>
8. Date:   Sun Nov 27 21:11:38 2022 + 0800
9.     update readme.md
10. commit 7084e984358b1b9c4e3c0154cb66c714b2933fbf
11. Author: tlab tlab@ example.com
12. Date:   Sun Nov 27 21:10:18 2022 + 0800
13.     init readme.md
```

从上述输出结果可以得知，git log 默认按照时间顺序输出所有提交状态，最近的提交会被排在最上面。输出的内容包含 SHA-1 校验和、作者姓名与邮箱地址、提交时间与提交说明。

可以使用 git log --oneline 命令将每个提交放在一行进行显示：

```
1. $ git log -oneline
2. 3f31126（HEAD -> master）rename readme.md README
3. 17ad193 update readme.md
4. 7084e98 init readme.md
```

可以使用 git log --graph 命令对提交的版本历史进行简单的可视化展示，这个命令添加了一些 ASCII 字符串来形象地展示分支、合并历史：

```
1.  $ git log -graph
2.  * commit 3f31126ec638ae74f2dbc1ad9e1a021cf25d19bc（HEAD -> master）
3.  |Author: tlab tlab@ example.com
4.  |Date:    Sun Nov 27 21:12:28 2022 + 0800
5.  |     rename readme.md README
6.  * commit 17ad1939b47691d4f18ccb203a438ff5ee4f4d5a
7.  |Author: tlab tlab@ example.com
8.  |Date:    Sun Nov 27 21:11:38 2022 + 0800
9.  |     update readme.md
10. * commit 7084e984358b1b9c4e3c0154cb66c714b2933fbf
11.   Author: tlab tlab@ example.com
12.   Date:    Sun Nov 27 21:10:18 2022 + 0800
13.        init readme.md
```

git log-oneline 命令与 git log--graph 命令结合使用尤其有效，这在后续的分支介绍中会被频繁使用。

可以使用 git log -⟨n⟩ 命令限制版本历史的展示条目数，其中 n 为待展示的条目数。如使用 git log－2 命令来只显示最近的两次提交：

```
1. $ git log -2
2. commit 3f31126ec638ae74f2dbc1ad9e1a021cf25d19bc（HEAD -> master）
3. Author: tlab tlab@ example.com
4. Date:    Sun Nov 27 21:12:28 2022 + 0800
5.      rename readme.md README
6. commit 17ad1939b47691d4f18ccb203a438ff5ee4f4d5a
7. Author: tlab tlab@ example.com
8. Date:    Sun Nov 27 21:11:38 2022 + 0800
9.      update readme.md
```

此外，还可以使用 git log-since、git log-until、git log-author、git log-committer 等命令对输出的条目进行过滤。如展示 2 小时之内提交者 tlab 的所有版本历史：

```
1. $ git log --since= 2.hours --committer= tlab - oneline
2. 3f31126（HEAD - > master）rename readme.md README
3. 17ad193 update readme.md
4. 7084e98 init readme.md
```

或展示到截止时间"2022-11-27 21:30:00"作者是 tlab 的所有版本历史：

```
1. $ git log --until '2022-11-27 21:30:00' --author= tlab - oneline
2. 3f31126（HEAD - > master）rename readme.md README
3. 17ad193 update readme.md
4. 7084e98 init readme.md
```

2.2.6 撤销与移除

前面几节的内容基本涵盖了 Git 的常规操作，这些操作包括工作区与暂存区、暂存区与 Git 版本库、工作区与 Git 版本库之间的交互。在这些交互的任何一个阶段，可能涉及一些操作失误，如何撤销这些操作是本节内容关注的重点。

（1）撤销向暂存区添加的文件

在工作区创建 another_readme.md 文件并将其添加至暂存区。执行如下命令：

```
1. $ echo 'another readme, should be deleted! ' > another_readme.md
2. $ git add another_readme.md
```

可以用 git status 命令来查看工作区文件状态，其输出为：

```
1. $ git status
2. On branch master
3. Changes to be committed:
4.   (use "git restore --staged <file>..." to unstage)
5.         new file:   another_readme.md
```

从上述输出结果可以得知，another_readme.md 文件出现在"Changes to be committed"下，表明目前文件已经被置入暂存区并被跟踪，处于待提交状态。可以使用 git restore --staged <file> 命令，撤销由工作区向暂存区提交的文件。执行如下命令：

```
1. $ git restore --staged another_readme.md
```

此外，还可以使用 git rm --cached <file> 命令，从暂存区移除指定文件。如：

```
1. $ git rm --cached another_readme.md
```

上述命令与 git restore --staged <file> 命令具有相同的效果。

可以用 git status 命令来查看工作区的文件状态，其输出为：

```
1. $ git status
2. On branch master
```

```
3. Untracked files:
4.   (use "git add <file>..." to include in what will be committed)
5.         another_readme.md
6. nothing added to commit but untracked files present (use "git add" to track)
```

从上述输出结果可以得知，another_readme.md 文件出现在"Untracked files"下，表明目前文件已经由暂存区撤销，并在工作区处于未跟踪状态。

（2）向暂存区添加指定文件后，对工作区中该文件进行修改

将 another_readme.md 文件添加至暂存区。执行如下命令：

```
1. $ git add another_readme.md
2. $ cat another_readme.md
```

可以看到，文件内容为：

```
1. another readme, should be deleted!
```

接下来对工作区中的 another_readme.md 文件进行进一步修改。执行如下命令：

```
1. $ echo 'by tlab' >> another_readme.md
2. $ cat another_readme.md
```

上述命令对 another_readme.md 文件追加了一行内容。可以看到，其输出为：

```
1. another readme, should be deleted!
2. by tlab
```

可以用 git status 命令来查看工作区中的文件状态，其输出为：

```
1. $ git status
2. On branch master
3. Changes to be committed:
4.   (use "git restore --staged <file>..." to unstage)
5.         new file:    another_readme.md
6. Changes not staged for commit:
7.   (use "git add <file>..." to update what will be committed)
8.   (use "git restore <file>..." to discard changes in working directory)
9.         modified:    another_readme.md
```

从上述输出结果可以得知，another_readme.md 文件同时出现在"Changes to be committed"和"Changes not staged for commit"下，表明暂存区已经有一个待提交版本的文件，但在工作区某些操作又对其进行了修改，且修改的版本尚未暂存。可以使用 git restore <file>命令，用暂存区的 another_readme.md 文件覆盖掉工作区的 test.txt 文件，以撤销修改。执行如下命令：

```
1. $ git restore another_readme.md
2. $ cat another_readme.md
```

可以看到，其输出为：

1. another readme, should be deleted!

这表明对文件内容的修改已被还原为暂存区中对应文件的内容。可以用 git status 命令来查看工作区的文件状态，其输出为：

1. $ git status
2. On branch master
3. Changes to be committed:
4. (use "git restore --staged <file>..." to unstage)
5.   new file: another_readme.md

从上述输出结果可以得知，another_readme.md 文件仅出现在"Changes to be committed"下，表明目前工作区文件的修改已被撤销。

（3）向版本库提交一个新的版本后，在工作区移除指定文件

首先向版本库提交一个新的版本。执行如下命令：

1. $ git commit -m 'add another readme'
2. [master 1f5d98d] add another readme
3. 1 file changed, 1 insertion(+)
4. create mode 100644 another_readme.md

在工作区使用 git rm <file> 命令移除 another_readme.md 文件。执行如下命令：

1. $ git rm another_readme.md
2. rm 'another_readme.md'

上述命令同时移除工作区和暂存区的 another_readme.md 文件。可以用 git status 命令来查看工作区的文件状态，其输出为：

1. $ git status
2. On branch master
3. Changes to be committed:
4. (use "git restore --staged <file>..." to unstage)
5.   deleted: another_readme.md

从上述输出结果可以得知，已跟踪文件 another_readme.md 在执行操作后，出现在"Changes to be committed"下，表明移除文件的操作处于待提交状态。此时 Git 明确地说明了正在进行移除操作。事实上，git rm<file>命令等价于执行以下两条命令：

1. $ rm another_readme.md
2. $ git add -u

其中，git add -u 是一条对已跟踪文件进行更新操作的命令，它将已修改或删除的文件提交到暂存区。

执行如下命令进行提交：

```
$ git commit -m 'delete another readme'
[master 8021f7c] delete another readme
 1 file changed, 1 deletion(-)
 delete mode 100644 another_readme.md
```

上述命令在 Git 版本库中创建了一个新的版本，其输出结果表明：当前版本是由 master 分支提交的，SHA-1 校验和是 8021f7c，效果是将 another_readme.md 文件移除。上述命令成功完成了在新提交版本中移除文件、在工作区中移除文件的操作。

（4）撤销所有操作，并回退至指定版本历史文件一致

本节前述操作，向版本库新增了两个版本历史（添加 another_readme.md 文件和移除 another_readme.md 文件），未对版本有实质上的更改。若希望回退至更早的版本历史文件，则先查看版本历史。执行如下命令：

```
$ git log - oneline
8021f7c (HEAD -> master) delete another readme
1f5d98d add another readme
3f31126 rename readme.md README
17ad193 update readme.md
7084e98 init readme.md
```

回退至指定版本历史文件是一个危险的操作，此时它将放弃该版本之后在工作区和暂存区的所有操作。可以使用 git reset - hard ⟨vid⟩ 命令进行版本回退。再次提醒，该命令是 Git 仅有的、能真正销毁数据的几个操作之一，请读者明确使用目的后谨慎使用。

执行如下命令：

```
$ git reset --hard 3f31126
HEAD is now at 3f31126 rename readme.md README
```

可以用 git status 命令来查看工作区的文件状态，其输出为：

```
$ git status
On branch master
nothing to commit, working tree clean
```

再次查看版本历史，执行如下命令：

```
$ git log - oneline
3f31126 (HEAD -> master) rename readme.md README
17ad193 update readme.md
7084e98 init readme.md
```

从上述输出结果可以得知，所有工作区和暂存区的操作均已被撤销，当前版本已回退至 3f31126。

2.2.7 比较差异

本节介绍 Git 中的差异比较,包含不同版本之间、暂存区与当前版本之间、暂存区与工作区之间的差异比较。

(1) 不同版本之间的差异比较

先查看版本历史。执行如下命令:

```
1. $ git log - oneline
2. 3f31126 (HEAD - > master) rename readme.md README
3. 17ad193 update readme.md
4. 7084e98 init readme.md
```

查看 SHA-1 校验和为 7084e98 的原始版本和 SHA-1 校验和为 3f31126 的最新版本之间的差异。执行如下命令:

```
1. $ git diff 7084e98 3f31126
2. diff --git a/readme.md b/README
3. similarity index 73%
4. rename from readme.md
5. rename to README
6. index 367ac35..e05201a 100644
7. -- a/readme.md
8. + + + b/README
9. @ @ - 1 + 1,2 @ @
10. welcome to learn git!
11. + by tlab
```

可以看到,输出命令显示了两个版本之间的差异,表明将原始版本的 readme.md 文件重命名为 README,并在文件中增加了"by tlab"一行。

也可以用 HEAD 指针代替 SHA-1 校验和为 3f31126 的最新版本(在 git log-oneline 命令的输出中可以看到,当前 HEAD 指针指向 3f31126 版本)。HEAD 版本的上一个版本可以用 HEAD^或 HEAD~1 标识,以此类推,SHA-1 校验和为 7084e98 的原始版本可以用 HEAD^^或 HEAD~2 标识。执行如下命令:

```
1. $ git diff HEAD^^ HEAD
2. diff --git a/readme.md b/README
3. similarity index 73%
4. rename from readme.md
5. rename to README
6. index 367ac35..e05201a 100644
```

```
7. — a/readme.md
8. +++ b/README
9. @@ -1 +1,2 @@
10. welcome to learn git!
11. + by tlab
```

上述命令产生相同的输出。

(2) 暂存区与当前版本之间的差异比较

以向 README 文件中追加一行日期并提交至暂存区,再比较暂存区与当前版本之间的差异为例。执行如下命令:

```
1. $ echo '2022-11-28' >> README
2. $ git add -u README
```

可以用 git status 命令来查看工作区的文件状态,其输出为:

```
1. $ git status
2. On branch master
3. Changes to be committed:
4.  (use "git restore --staged <file>..." to unstage)
5.       modified:   README
```

从上述输出结果可以得知,已跟踪文件 README 在执行操作后,出现在"Changes to be committed"下,表明更新文件的操作已置于暂存区且处于待提交状态。执行如下命令,比较暂存区与当前版本之间的差异:

```
1. $ git diff - cached
2. diff --git a/README b/README
3. index e05201a..3fa9552 100644
4. — a/README
5. +++ b/README
6. @@ -1,2 +1,3 @@
7. welcome to learn git!
8. by tlab
9. + 2022-11-28
```

可以看到,输出命令显示了暂存区与当前版本之间的差异,表明暂存区的 README 文件在当前版本的基础上增加了"2022-11-28"一行。

(3) 暂存区与工作区之间的差异比较

以删除在 README 文件中新增的一行日期,再比较暂存区与工作区之间的差异为例。执行如下命令:

```
1. $ cat README | grep -v 2022 > README
```

可以用 git status 命令来查看工作区的文件状态,其输出为:

```
1. $ git status
2. On branch master
3. Changes to be committed:
4.   (use "git restore --staged <file>..." to unstage)
5.         modified:   README
6. Changes not staged for commit:
7.   (use "git add <file>..." to update what will be committed)
8.   (use "git restore <file>..." to discard changes in working directory)
9.         modified:   README
```

从上述输出结果可以得知,已跟踪文件 README 在执行操作后,同时出现在"Changes to be committed"和"Changes not staged for commit"下。前者表明更新文件的操作已置于暂存区且处于待提交状态,后者表明工作区对暂存区的文件又进行了更新且其未置于暂存区。执行如下命令,比较暂存区与工作区之间的差异:

```
1. $ git diff
2. diff --git a/README b/README
3. index 3fa9552..e05201a 100644
4. --- a/README
5. +++ b/README
6. @@ -1,3 +1,2 @@
7. welcome to learn git!
8. by tlab
9. -2022-11-28
```

可以看到,输出命令显示了暂存区与工作区之间的差异,表明工作区的 README 文件在暂存区的基础上删除了"2022-11-28"一行。

本节对 Git 中的差异比较进行了简单的介绍。对于本节中工作区和暂存区的修改,可以使用 git reset --hard HEAD 命令进行移除。执行如下命令:

```
1. $ git reset --hard HEAD
2. HEAD is now at 3f31126 rename readme.md README
```

可以用 git status 命令来查看工作区的文件状态,其输出为:

```
1. $ git status
2. On branch master
3. nothing to commit, working tree clean
```

从上述输出结果可以得知,所有工作区和暂存区的操作均已被撤销。

2.2.8 忽略文件

前面提到,工作区的文件无非处于已跟踪或未跟踪状态。有些文件,如日志文件、过程文件等,通常不需要纳入 Git 版本库进行管理,但我们也不希望它们出现在未跟踪文件列表中。可以创建 .gitignore 文件来罗列忽略文件的模式。关于 .gitignore 文件的书写习惯,可以参考标准的 glob 模式。执行如下命令:

```
1. $ echo '* .log' > .gitignore
2. $ echo 'doc/' >> .gitignore
3. $ echo 'doc/* .md' >> .gitignore
4. $ git add .gitignore
5. $ git commit -m 'add .gitignore'
6. [master 3d872c9] add .gitignore
7. 1 file changed, 2 insertions(+)
8. create mode 100644 .gitignore
```

上述命令创建了 .gitignore 文件,该文件声明了 Git 忽略以下几类文件:工作区中以 ".log" 作为后缀的文件、./doc 路径下以 ".md" 作为后缀的文件。同时,向 Git 版本库提交了一个新的版本,其输出结果表明:当前版本是由 master 分支提交的,SHA-1 校验和是 3d872c9。执行如下命令,创建日志文件和说明文件:

```
1. $ echo 'This is a log.' > my_log.log
2. $ mkdir doc
3. $ echo 'This is a doc readme' > doc/readme.md
```

上述命令在工作区创建了 my_log.log 文件和 doc 文件目录,并在 doc 文件目录下创建了 readme.md 文件。执行如下命令进行验证:

```
1. $ git status
2. On branch master
3. nothing to commit, working tree clean
```

从上述输出结果可以得知,在 master 分支上,当前工作区是干净的,新增的文件均未被 Git 版本库控制。上述命令成功完成了忽略文件的操作。

2.2.9 分支操作

分支(branch)是在项目开发中启动一条单独开发线路的基本方法。在交通大数据的应用开发过程中,往往基于同一条主线同时开展多个功能的开发工作。使用分支不仅意味着可以把工作从主线分离开来,避免影响主线开发,也能使开发在多个方向上同时进行,并产生多个不同的版本。分支的功能开发完成后,会被合并至主线中。

Git 允许产生很多分支,且 Git 的分支系统相较于其他版本控制系统,具备轻量、简单、高效的特点：创建新分支的操作几乎能在一瞬间完成、切换分支的操作十分便捷、对合并分支的支持也是一流的。使用 Git 的分支系统已经成为主流的开发方式。

接下来介绍 Git 分支操作：

（1）新建分支

在 my_project 项目的工作区，先使用 git branch -av 命令查看版本库分支。执行如下命令：

```
1. $ git branch -av
2. * master 3d872c9 add .gitignore
```

可以看到，已有分支数量为 1，"＊"表示当前分支指向 master 分支。

继续查看版本历史。执行如下命令：

```
1. $ git log --oneline --graph --all
2. * 3d872c9（HEAD - ）master）add .gitignore
3. * 3f31126 rename readme.md README
4. * 17ad193 update readme.md
5. * 7084e98 init readme.md
```

若要在 SHA-1 校验和为 3f31126 的版本基础上进行进一步开发，可以使用 git checkout -b〈branch_name〉〈vid〉命令快速创建并切换至新分支。执行如下命令：

```
1. $ git checkout -b dev 3f31126
2. Switched to a new branch 'dev'
```

注意，上述命令等同于执行如下命令：

```
1. $ git checkout 3f3112
2. $ git branch dev（或 git switch -c dev）
```

第一条命令检出了 3f31126 的版本历史，此时 HEAD 指针指向 3f31126，处于"分离头指针"的状态，即 HEAD 指针未指向任何一个分支。需要注意的是，在此状态下进行的开发操作（包括提交一个版本历史）若未新建分支与之对应，在切换至其他分支时均不会进行保存。第二条命令创建了一个 dev 分支。

从输出结果可以看到，目前已经切换到新的分支 dev 上。为进一步确认，执行如下命令：

```
1. $ git branch -av
2. * dev     3f31126 rename readme.md README
3.   master 3d872c9 add .gitignore
```

可以看到，已有分支数量为 2，"＊"表示当前分支指向 dev 分支，且 dev 分支处在 3f31126 的版本历史上。

在 dev 分支下，新建一个 hello_world.py 文件。执行如下命令：

```
1. $ echo 'print("hello world!")' > hello_world.py
2. $ git add hello_world.py
3. $ git commit -m 'add hello_world.py'
4. [dev 3ab9eb0] add hello_world.py
5.  1 file changed, 1 insertion(+)
6.  create mode 100644 hello_world.py
```

上述命令在 Git 版本库中创建了一个新的版本,其输出结果表明:当前版本是由 dev 分支提交的,SHA-1 校验和是 3ab9eb0。

在执行上述命令后,使用图形的方式查看版本历史。执行如下命令:

```
1. $ git log --oneline --graph --all
2. * 3ab9eb0 (HEAD -> dev) add hello_world.py
3. | * 3d872c9 (master) add .gitignore
4. * 3f31126 rename readme.md README
5. * 17ad193 update readme.md
6. * 7084e98 init readme.md
```

从上述的输出结果可以得知,版本库在 3f31126 版本上产生了 master 和 dev 两个分支,其中 HEAD 指针指向 dev 分支的 3ab9eb0 版本。为进一步确认,执行如下命令:

```
1. $ git branch -av
2. * dev    3ab9eb0 add hello_world.py
3.   master 3d872c9 add .gitignore
```

可以看到,已有分支数量为 2,"*"表示当前分支指向 dev 分支,且 dev 分支处在 3ab9eb0 的版本历史上。至此,我们完成了新建一个分支,并在对应分支上进行开发的工作。

(2) 合并分支

假设目前已经完成了 dev 分支的开发,并希望将工作合并入主分支 master 分支;那么具体地,需要先使用 git checkout <branch_name> 命令检出想合并入的分支,然后使用 git merge <branch_name> 命令执行合并分支操作。执行如下命令:

```
1. $ git checkout master
2. Switched to branch 'master'
```

从输出结果可以看到,目前已经切换到主分支 master 上。为进一步确认,执行如下命令:

```
1. $ git branch -av
2.   dev    3ab9eb0 add hello_world.py
3. * master 3d872c9 add .gitignore
```

可以看到,已有分支数量为 2,"*"表示当前分支指向 master 分支,且 master 分支处在 3d872c9 的版本历史上。

在 master 分支下,查看尚未合并到 master 的分支。执行如下命令:

1. $ git branch --no-merged
2. dev

可以看到,dev 分支尚未合并到 master 分支下。

接下来,执行合并分支操作。执行如下命令:

1. $ git merge dev
2. Merge made by the 'ort' strategy.
3. hello_world.py | 1 +
4. 1 file changed, 1 insertion(+)
5. create mode 100644 hello_world.py

上述命令使用"ort"的默认策略进行了合并。这个策略是 Git v2.33.0 版本新增的一种非常高效的合并策略。

在 master 分支下,确认分支是否被合并。执行如下命令:

1. $ git branch --no-merged

可以看到,未合并的分支输出为空,表明 dev 分支已经被合并到 master 分支中。

在执行上述命令后,使用图形的方式查看版本历史。执行如下命令:

1. $ git log --oneline --graph --all
2. *   b2dee80（HEAD -＞ master）Merge branch 'dev'
3. |\
4. | * 3ab9eb0（dev）add hello_world.py
5. * | 3d872c9 add .gitignore
6. |/
7. * 3f31126 rename readme.md README
8. * 17ad193 update readme.md
9. * 7084e98 init readme.md

从上述的输出结果可以得知,版本库在 3f31126 版本上产生了 master 和 dev 两个分支,并在 b2dee80 版本上进行了合并,其中 HEAD 指针指向 master 分支。至此,我们完成了合并一个简单的分支的工作。实际上,合并分支工作通常会碰到一些多人协作导致不同版本上的冲突问题,此时 Git 会暂停,等待人工确认。可以使用 git status 命令查看未合并状态的文件,进行手动的合并操作。在实际工作中,可以结合具体情况进行进一步的学习。

（3）删除分支

在完成分支合并的工作后,若希望删除 dev 分支,使用 git branch -d〈branch_

name〉命令执行分支删除操作即可。执行如下命令：

1. $ git branch -d dev
2. Deleted branch dev (was 3ab9eb0).

从输出结果可以看到，目前已经成功删除了 dev 分支。为进一步确认，执行如下命令：

1. $ git branch -av
2. *   master b2dee80 Merge branch 'dev'

可以看到，已有分支数量为 1，"*"表示当前分支指向 master 分支，且 master 分支处在 b2dee80 的版本历史上。

注意，使用 git branch -d〈branch_name〉命令进行分支删除操作的前提是该分支已经被完全合并。在未被完全合并的分支上执行上述命令会出现以下提示：

1. $ git branch -d dev
2. Error: The branch 'dev' is not fully merged.
3. If you are sure you want to delete it, run 'git branch -D dev'.

上述输出结果表明，由于包含了未合并的工作，尝试使用 git branch -d〈branch_name〉命令删除分支会失败。如果真的想要删除分支并丢弃在此分支上的工作，可以通过执行 git branch -D〈branch_name〉命令强制删除它。

至此，我们完成了删除一个已合并的分支的工作，并介绍了如何删除一个未被完全合并的分支的方法。

2.3 多人协作

Git 是一个分布式版本控制系统，而 GitHub 是一个基于 Git 的代码托管平台。它们之间有密切的联系，GitHub 为 Git 提供了一些增强的功能，使团队更容易协作、分享和管理代码。以下是 Git 版本控制和 GitHub 之间的关联点：

（1）代码托管：GitHub 提供了一个云端的代码托管平台，开发者可以将本地的 Git 仓库推送（push）到 GitHub 上，实现代码的备份和共享。这使得团队成员能够在不同的地方协同开发，并保持代码库的同步。

（2）远程协作：Git 允许开发者在本地进行新建分支、合并分支等操作，而 GitHub 通过提供一个集中的远程仓库，使得多个开发者能够在同一个项目中协同工作。开发者可以通过 GitHub 上的合并请求（Pull Request）来提交自己的修改，其他团队成员可以审查并提供反馈，最终将修改合并到主分支中。

（3）问题跟踪：GitHub 提供了问题追踪系统，开发者可以创建问题、分配任务、讨论解决方案等。这有助于团队更好地组织工作、跟踪进度，同时将代码变更和相关的问题联系在一起。

(4)团队协作:GitHub 允许多个开发者协同工作,每个人都可以访问代码库,提交修改,并通过合并请求进行代码审查。这种协作方式使得团队更容易管理项目,确保代码的质量和稳定性。

(5)自动化构建和部署:GitHub 集成了一些 CI/CD[Continuous Integration(持续集成)/Continuous Deployment(持续部署)]工具,可以与代码库关联,实现自动化构建和部署流程。这有助于确保代码变更经过测试后再被合并,同时简化了发布流程。

本节默认读者已注册 GitHub 账户、已安装 Git。

2.3.1 远程仓库建立

多人协作分团队内协作与团队外协作两种,考虑到合作机制,这里只介绍团队内协作,从 Leader(项目发起人)和 Collaborator(团队成员)分别进行模拟。

(1)由 Leader 在 GitHub 上新建远程仓库并编辑远程仓库信息

进入 GitHub 首页,点击右上角的"＋",选择"New repository"。

如图 2-17 所示,编辑远程仓库信息后点击"Create repository",完成远程仓库的建立。

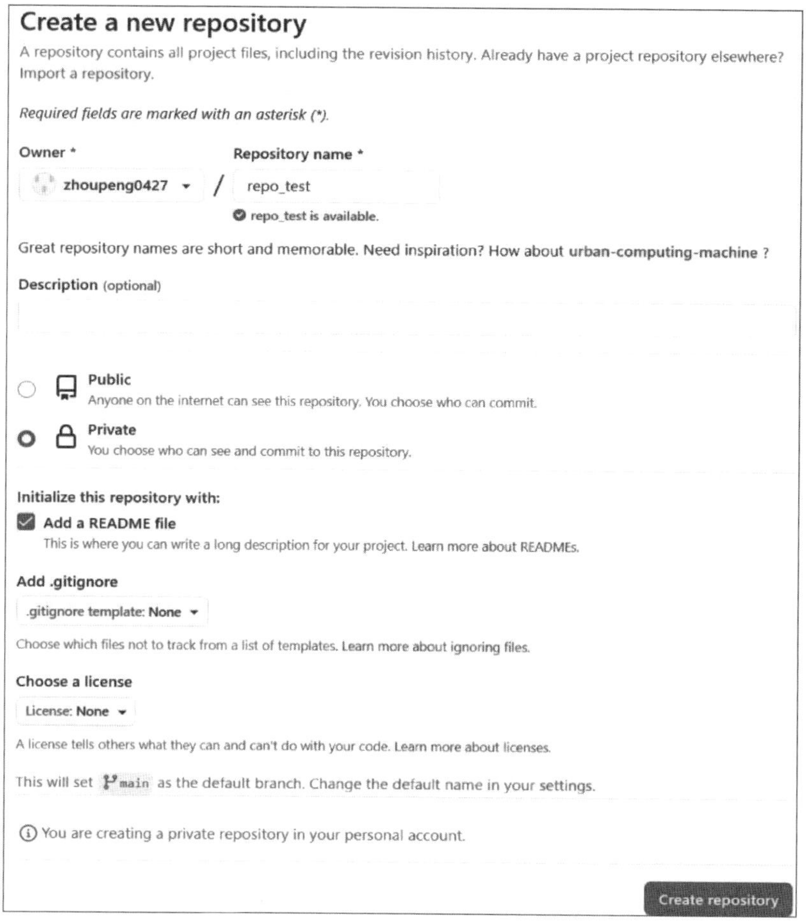

图 2-17 远程仓库建立

（2）Leader 邀请 Collaborator 加入该项目和 Collaborator 接受邀请

如图 2-18 所示，在"Settings"的"Collaborators"中输入 Collaborator 的 GitHub 用户名，邀请 Collaborator 加入。

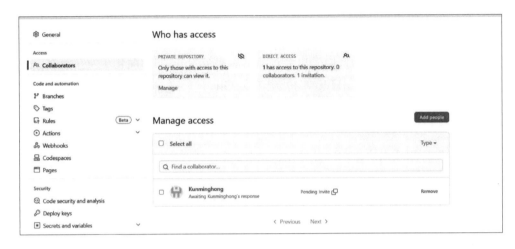

图 2-18　用户邀请

如图 2-19 所示，Collaborator 可以查看邮件、接受邀请。

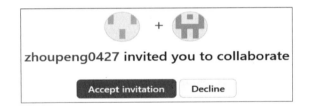

图 2-19　接受邀请

这时，Leader 的"Collaborators"中出现了 Collaborator，Collaborator 后续可以拉取、修改 Leader 的代码。

2.3.2　成员协作

创建 Leader 和 Collaborator 的项目文件夹。

在 D 盘建立 Git_test_Leader 和 Git_test_Collaborator 两个文件夹，分别作为 Leader 和 Collaborator 的本地仓库文件夹。

（1）模拟 Leader

首先打开 Git Bash，将目录切换到 Leader 的本地仓库文件夹（Git_test_Leader）。如图 2-20 所示，使用 git clone〈URL〉命令将远程仓库克隆到文件夹中；在克隆完毕后，将目录切换到本地仓库下，并使用 git branch 命令来查看当前仓库的分支，可以看到，现在只有 main 一条分支，即主分支。

```
24602@zp MINGW64 /d/Git-space/Git_test_Leader
$ git clone https://github.com/zhoupeng0427/repo_test.git
Cloning into 'repo_test'...
remote: Enumerating objects: 3, done.
remote: Counting objects: 100% (3/3), done.
remote: Total 3 (delta 0), reused 0 (delta 0), pack-reused 0
Receiving objects: 100% (3/3), done.

24602@zp MINGW64 /d/Git-space/Git_test_Leader
$ cd repo_test

24602@zp MINGW64 /d/Git-space/Git_test_Leader/repo_test (main)
$ git branch
* main
```

图 2-20 克隆远程仓库

因为主分支通常用来存放提供给用户使用的正式版本(稳定版本)，dev 分支通常用来存放开发版本，所以在此使用 git checkout -b ⟨branch_name⟩ 命令来创建并切换至 dev 分支，如图 2-21 所示，且之后的各种操作都在该分支上完成；也可以将用户名和邮箱的配置作为标识，即回溯代码等的提交者。

```
24602@zp MINGW64 /d/Git-space/Git_test_Leader/repo_test (main)
$ git checkout -b dev
Switched to a new branch 'dev'

24602@zp MINGW64 /d/Git-space/Git_test_Leader/repo_test (dev)
$ git branch
* dev
  main

24602@zp MINGW64 /d/Git-space/Git_test_Leader/repo_test (dev)
$ git config user.name "Leader"

24602@zp MINGW64 /d/Git-space/Git_test_Leader/repo_test (dev)
$ git config user.email "Leader@163.com"
```

图 2-21 切换分支

之后利用 git push origin ⟨branch_name⟩ 命令在远程仓库上也建立 dev 分支，如图 2-22 所示，可以看见 GitHub 远程仓库上面也创立了 dev 分支。

```
24602@zp MINGW64 /d/Git-space/Git_test_Leader/repo_test (dev)
$ git push origin dev
Total 0 (delta 0), reused 0 (delta 0), pack-reused 0
remote:
remote: Create a pull request for 'dev' on GitHub by visiting:
remote:      https://github.com/zhoupeng0427/repo_test/pull/new/dev
remote:
To https://github.com/zhoupeng0427/repo_test.git
 * [new branch]      dev -> dev
```

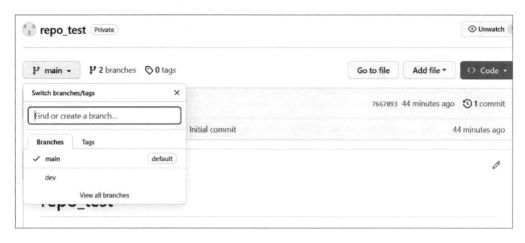

图 2-22 建立分支

现在,新建一个 Python 文件(文件路径与源代码如图 2-23 所示)并将其提交到本地仓库,之后将其提交到远程仓库,如图 2-24 所示。

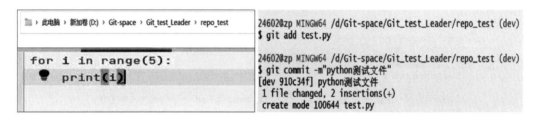

图 2-23 提交到本地仓库

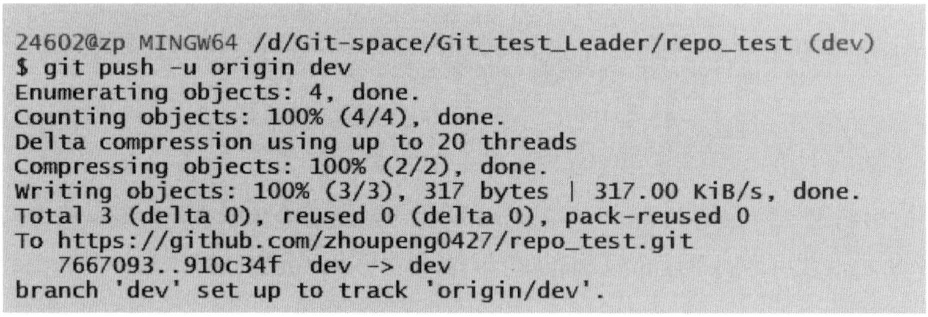

图 2-24 提交到远程仓库

如图 2-25 所示,提交完成后可以在远程仓库中看到刚刚提交的 test 文件。

(2) 模拟 Collaborator

同样地,切换目录至 Collaborator 的本地仓库文件夹(Git_test_Collaborator)。

如图 2-26 所示,使用 git clone -b 命令将远程仓库的 dev 分支克隆到本地(这里仅克隆一个分支,git clone 命令默认克隆主分支)。

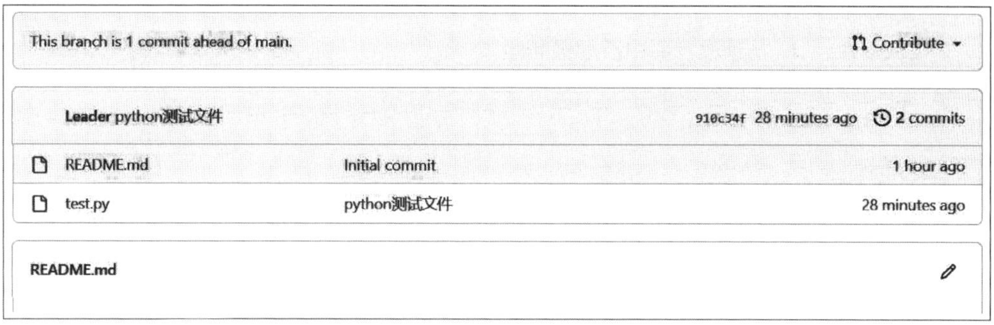

图 2-25　文件提交目录

```
24602@zp MINGW64 /d/Git-space/Git_test_Collaborator/repo_test (dev)
$ git add test.py

24602@zp MINGW64 /d/Git-space/Git_test_Collaborator/repo_test (dev)
$ git commit -m "collaborator对测试文件进行了修改"
[dev 00745ed] collaborator对测试文件进行了修改
 1 file changed, 2 insertions(+), 1 deletion(-)

24602@zp MINGW64 /d/Git-space/Git_test_Collaborator/repo_test (dev)
$ git push
Enumerating objects: 5, done.
Counting objects: 100% (5/5), done.
Delta compression using up to 20 threads
Compressing objects: 100% (3/3), done.
Writing objects: 100% (3/3), 354 bytes | 354.00 KiB/s, done.
Total 3 (delta 0), reused 0 (delta 0), pack-reused 0
To https://github.com/zhoupeng0427/repo_test.git
   910c34f..00745ed  dev -> dev
```

图 2-26　模拟 Collaborator 操作

进行 Collaborator 的用户名与邮箱的配置。

修改 dev 分支下的 py_test. py 文件(修改后的源代码如图 2-27 所示),并将其提交至暂存区—本地仓库—远程仓库,在 GitHub 上的远程仓库中可以看到修改记录。

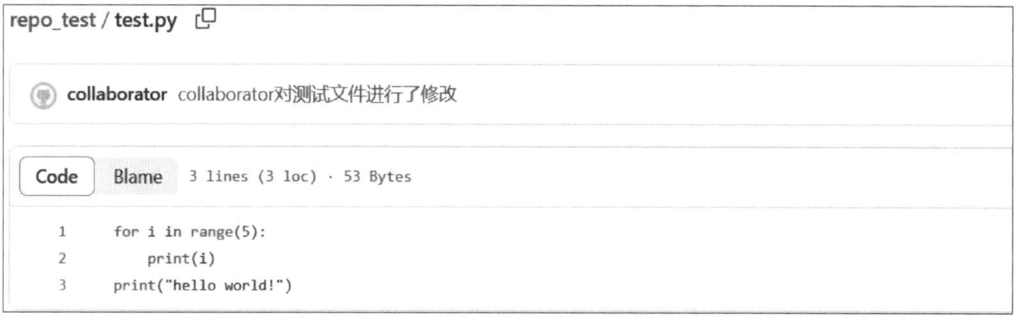

图 2-27　源代码

最后，如果 Leader 想同步 Collaborator 的修改，只需使用 git pull 命令即可。

```
1. $ git pull    # 从远程仓库中获取最新版本
```

2.4 本章小结

本章主要介绍了交通大数据应用项目开发中应用最广泛的版本控制工具——分布式版本控制系统 Git，包括 Git 是什么、如何安装和配置 Git、Git 的常用基础操作，基于 GitHub 开源平台如何进行多人协作。本章首先详细介绍了为什么在交通大数据应用项目开发中要使用版本控制工具、不同的版本控制工具之间有什么差别、为什么要选择分布式版本控制系统 Git、如何在不同的系统下安装 Git，以及如何设置 Git 的基础配置；其次介绍了如何建立一个版本库，并通过"跟踪—暂存—提交"流程，介绍了一系列常见的 Git 基础操作，包括新建文件、修改文件、重命名文件、查看版本历史、撤销与移除、比较差异、忽略文件、分支操作等；最后基于 GitHub 开源平台，介绍了如何建立远程仓库并进行成员协作。每一步操作都通过具体例子实现，以实践来辅助学习，在进一步加深读者对 Git 理解的同时，为交通大数据应用项目的开发提供助力。

2.5 本章习题

1. Git 是什么？它是如何工作的？
2. 如何将本地 Git 存储库连接到远程 Git 存储库？并将本地代码更改推送到远程 Git 存储库？
3. 假设你正在开发一个新项目，需要创建一个新的分支来开发新的功能，并将其推送到远程仓库。请列出相应的命令。
4. 假设你正在与其他人协作开发一个项目，需要从远程仓库中拉取最新的更改，并将其合并到本地分支中。请列出相应的命令。
5. 假设你在开发一个项目时，需要撤销最近的一次提交。请列出相应的命令。

2.6 参考文献

[1] 郑有庆.Git 在编程教学中的应用探究[J].铜陵职业技术学院学报,2023,22(2):96-100.
[2] 仇礼钦,王鑫,盛飞龙,等.基于 Git 的软件项目管理配置方法及应用实践[J].机电工程技术,2023,52(5):223-227.

［3］石庆冬. 版本管理工具 Git 的主要特点[J]. 电子技术与软件工程,2022(7):72-75.

［4］赵学作. Git 的安装与调试[J]. 网络安全和信息化,2020(11):96-98.

［5］Fu H X. Research on a distributed source code management system method[J]. Computer & Modernization,2013:204-207.

［6］Ruan J G, Walker P D, Zhang N, et al. An investigation of hybrid energy storage system in multi-speed electric vehicle[J]. Energy,2017,140:291-306.

第 3 章
数据库应用与数据组织

前文已经对交通大数据科研中常用的工具进行了详细介绍。从本章开始,我们将深入研究如何应用数据库技术来组织和管理交通大数据。交通大数据的分析是一个复杂的任务,首要问题便是如何有效地存储这些海量数据,以便进行后续的处理和分析。数据库技术在这方面发挥着至关重要的作用,其能够高效地组织、存储不同来源的交通数据,降低冗余,提高存储效率,成为整个交通大数据分析体系的基础。

在讨论数据库技术时,有必要区分"数据组织"和"数据结构"的概念。数据组织主要指的是如何对数据进行逻辑上的分组和排列,以便高效地存储、管理和访问。而数据结构则更强调数据在计算机内存或存储器中的物理表示形式,例如列表、树、图等,用于描述数据的内部存储方式。因此,数据组织关注的是宏观层面上的数据管理和关系,涉及如何将数据从不同的来源有效地整合和利用;而数据结构则关注于微观层面,它帮助我们在编程和实现过程中选择合适的结构以提高操作效率。

本章中,我们将探讨数据库的基础知识,包括数据库与数据库管理系统的概念,数据库的发展历史,以及常用的数据库管理系统(DBMS)及其相关概念。随后,将详细讨论数据库原理,具体包括数据库的三级模式、两级映像与数据独立性,以及数据库设计规范。了解这些概念对于构建高效的数据库管理系统至关重要,特别是在处理交通大数据时,数据的组织和设计需要仔细考虑。通过本章的学习,读者将对数据库基础知识和交通大数据存储的重要性有深入的理解,为后续的交通大数据应用和分析提供坚实的基础。

3.1 数据库与数据库管理系统

3.1.1 数据库概念与类型

数据库,通常指相互关联的数据的集合。其内部数据按一定的数据模型或规则进行高效组织、描述和存储,具有较小的冗余度、较高的数据独立性和易扩展性,并实现为多个不同用户提供数据服务[1]。不同用户可以基于不同语言和不同目的,同时进行数据的存取(同一块数据也可以同时存取)。

数据库有许多不同类型。选择最佳的数据库类型应取决于数据本身特点以及处理数据的方式。

(1) 关系数据库(Relational Database)

关系数据库在 20 世纪 80 年代成为主流。关系数据库中的项被组织为一组具有列和行的表。关系数据库技术为结构化信息的访问提供了最有效、最灵活的方式。

(2) 面向对象数据库(Object-oriented Database)

与面向对象编程一样,面向对象数据库中的信息以对象的形式表示。

(3) 分布式数据库(Distributed Database)

分布式数据库由位于不同站点的两个或多个文件组成。分布式数据库可能存储在多台计算机上,位于相同的物理位置,或分散在不同的网络上。

(4) 数据仓库(Data Warehouse)

数据仓库是数据的中央存储库,是一种专门用于快速查询和分析的数据库类型。

(5) NoSQL 数据库(NoSQL Database)

NoSQL 数据库又称非关系数据库,允许存储和操作非结构化和半结构化数据(与关系数据库相反,关系数据库定义了插入数据库的所有数据必须按照一定规则组合)。NoSQL 数据库随着网络(Web)应用程序的需求变得更加常见和复杂而流行起来。

(6) 图数据库(Graph Database)

图数据库以实体和实体之间的关系来存储数据。

(7) 开源数据库(Open Source Database)

开源数据库是指其源代码是开源的;这样的数据库可以是 SQL(Structured Query Language,结构化查询语言)或 NoSQL 数据库。

(8) 云数据库(Cloud Database)

云数据库是驻留在私有、公共或混合云计算平台上的结构化或非结构化数据的集合。有两种类型的云数据库模型:传统云数据库模型和数据库即服务(Database as a Service,DBaaS)。使用 DBaaS,管理任务和维护由服务提供者执行。

(9) 多模数据库(Multi-Model Database)

多模数据库将不同类型的数据库模型组合成一个单一的、集成的后端。这意味着它们可以适应各种数据类型。

(10) 文档/JSON 数据库(Document-Oriented/JSON Database)

文档数据库专为存储、检索和管理面向文档的信息而设计,是一种以 JSON(JavaScript Object Notation,一种轻量级的数据交换格式)格式(而不是行和列)存储数据的现代方式。

(11) 自治数据库(Self-Driving Database)

自治数据库是最新的、最具开创性的数据库类型,它基于云,使用机器学习进行自动化数据库调优、安全、备份、更新和其他传统上由数据库管理员执行的日常管理任务。

这些只是目前正在使用的几十种数据库中的一小部分。其他不太常见的数据库是针对非常具体的科学、金融或其他功能定制的。除了不同的数据库类型之外，技术开发方法的变化以及云计算和自动化等的巨大进步正在推动数据库向全新的方向发展。

3.1.2 数据库发展历史

在数据库诞生之前，数据存储和数据管理已经存在了相当长的时间。当时数据管理主要是通过表格、卡片等方式进行，效率低下，需要大量人员参与，极易出错。

1964年，世界上第一个数据库系统——IDS(Integrated Data Storage，集成数据存储)诞生于通用电气(General Electric)公司。IDS是网状数据库，奠定了数据库发展的基础，在当时得到了广泛的应用。1968年，世界上第一个层次数据库系统——IMS(Information Management System，信息管理系统)诞生于IBM公司，这也是世界上第一个大型商用的数据库系统。1970年，IBM公司的研究员埃得加·F.科德(Edgar F. Codd)发表了题为"A Relational Model of Data for Large Shared Data Banks"的论文，提出了关系数据模型的概念，奠定了关系数据模型的理论基础，这是数据库发展史上具有划时代意义的里程碑。在关系数据模型的基础上，IBM公司从1970年就开始了关系数据库项目System R的研究和开发；1974年，IBM公司的雷·博伊斯(Ray Boyce)和唐·钱伯林(Don Chamberlin)将埃得加·F.科德论述的关系数据库的12条准则的数学定义以简单的关键字语法表现出来，里程碑式地提出了SQL；1976年，霍尼韦尔(Honeywell)公司开发了世界上第一个商用关系数据库系统；1978年，拉里·埃里森(Larry Ellison)在为美国中央情报局做一个数据项目的时候，敏锐地发现关系数据库的商机。几个月后，Oracle 1.0数据库诞生了，它除了完成简单关系查询之外，不能做任何事情。但是经过短短十几年，甲骨文(Oracle)公司的数据库产品不断发展成熟，成了数据库行业的巨头。尽管关系数据库系统技术已经相对成熟，能很好地处理表格类型的数据，但对业界出现的越来越多复杂类型的数据(如文本、图像、视频等)无能为力。为了应对大规模数据集合和多种数据类型带来的挑战，NoSQL数据库应运而生。NoSQL最常见的解释是非关系(Non-Relational)，NoSQL数据库主要包括4种类型：文档数据库、列簇式数据库(Column-Family Database)、键值数据库(Key-Value Database)和图数据库。

近年来，随着人工智能技术的成熟和发展，人工智能与数据库的结合越来越紧密。为了提高数据库系统的智能化程度，使数据库系统能够更加智能地运行、维护、管理，不断有研究者采用人工智能方法来解决数据库管理、优化等问题[5]。

3.1.3 常用的数据库管理系统

数据库管理系统，是通过一组可访问数据库的程序，实现对数据库的统一管理和控制，以保证数据库的安全性和完整性。DBMS的基本工作单位是事务，事务是一系列操作集合，这些操作集合构成单一逻辑工作单元。当数据库中出现多个事务同时执行情况时,为了保证事务的一致性和隔离性,就需要进行并发控制。关于数据库事务和并发控制的更多资料,感兴趣的读者可查阅书籍《数据库系统概念》[2]。授权用户通过 DBMS 访问数据库中的数据,数据库管理员也通过 DBMS 进行数据库的维护和用户授权工作。DBMS 提供了大量的数据库功能,但总体可归纳为两类:①数据访问功能,实现对数据库记录的增加、删除、修改和查询等操作,多为授权用户使用[3];②高级的数据管理功能,实现事务处理、并发控制和数据库的备份恢复等,多为数据库管理员使用[4]。

数据库管理系统(DBMS)主要分为网状型数据库管理系统(Network DBMS,NDBMS)、关系数据库管理系统(Relational DBMS,RDBMS)、面向对象数据库管理系统(Object-Oriented DBMS,OODBMS)和层次型数据库管理系统(HDBMS)等。目前在大数据领域最常使用的数据库管理系统主要有 Oracle、SQL Server、Access 以及 MySQL,它们均为关系数据库管理系统。这些关系数据库管理系统的共同特点主要有:①数据以表格的形式出现;②每一行都表示一条完整的记录;③列表示字段;④许多的行和列组成一张表单;⑤若干的表单组成数据库。当然,这些不同的数据库管理系统在不同的使用环境和数据存储领域,都有着不同的性能和特点。以下分别简要介绍常用的几个关系数据库管理系统:

● **Oracle**

美国甲骨文(Oracle)公司推出了一种关系数据库管理系统 Oracle。它是目前使用最广泛的客户机/服务器(Client/Server)结构的数据库之一。Oracle 支持多种不同的硬件和操作系统平台,同时也支持广泛的国际语言,适用于各类大小的微机环境。Oracle 具有完整的数据管理功能,不仅能处理海量数据,还能够保证数据的可靠性、可共享性,以及数据保存的持久性。然而,Oracle 对硬件要求很高,操作复杂,数据库的管理和维护较麻烦,其昂贵的价格让许多个体研究者望而却步。

● **SQL Server**

Microsoft SQL Server(简称"SQL Server")是美国微软(Microsoft)公司推出的一种客户机/服务器(Client/Server)结构的关系数据库管理系统。SQL Server 能够与 Windows NT(New Technology,新技术)平台有机结合并提供基于事务的企业级信息管理系统方案,因为其可扩展性好、性能高、使用灵活以及集成度高等优点深受用户青睐。SQL Server 提供了不同版本以满足用户的不同功能需求。SQL Server 功能很全面,但是开放性差,操作兼容性不佳,对个体研究者要求更高,且价格也并不低。

● **Access**

Access 是美国 Microsoft 公司于 1994 年推出的关系数据库管理系统。Access 是一种典型的桌面数据库管理系统,其和其他 Office 软件具有相同的界面,简单易学,对新手很友好。同样,Access 提供多个版本,用户可根据不同的需求选择相应的版本。

Access 适合小数据量的应用系统也就是中小型应用系统，或者仅仅作为客户端数据库使用。Access 有很强的网络(Web)应用功能，能够与互联网(Internet)连接实现信息共享，能够利用网络(Web)查询和分析数据。总体来说，Access 的价格不高，它是小型数据库，当研究者要处理的数据库过大时，性能会下降。

- **MySQL**

MySQL 是由瑞典 MySQL AB 公司开发、发布和支持的关系数据库管理系统。MySQL 支持多线程，提供多种语言支持，同时也为多种编程语言提供 API。它采用客户机/服务器的体系结构，也可以作为一个单独的库嵌入其他软件中。MySQL 一般适用于中小型企业。因为其灵活性高、处理速度快等优点深受用户欢迎，因此 MySQL 也是最流行的关系数据库管理系统。

与其他数据库管理系统相比，MySQL 具有以下优势：

(1) MySQL 体积小，速度快，并且是开源的，不需要支付额外的费用。

(2) MySQL 使用标准的 SQL 数据语言形式。

(3) MySQL 支持多种操作系统以及编程语言，这些编程语言包括 C、C++、Python、Java、Perl、PHP、Eiffel、Ruby 等。

目前有大量的 MySQL 管理工具可以使用，例如 Navicat、SQLyog 以及 Workbench 等可视化管理工具。

个体研究者首先需要考虑数据库管理系统是否开源的便利性，同时在数据处理过程中的可靠性、灵活性等要求。此外，与交通相关的数据常常依附于时空维度，其涉及的主要字段的数据类型为数字、字符串和时间等。综合上述因素，使用 MySQL 进行数据存储已经能够满足日常研究需求。

3.1.4 数据库管理系统术语

在开始学习 MySQL 前，读者首先需要了解 RDBMS 的一些术语。

(1) 数据库：数据库是一些关联表的集合。

(2) 数据表：表是数据的矩阵。一个数据库中的数据表看起来像一个简单的电子表格。

(3) 列：列表示字段，一列(数据元素)包含了相同类型的数据，例如网约车订单的时间戳数据。

(4) 行：行是在某种特定条件下或针对特定对象测定的一组字段的组合，例如一行代表某一网约车用户的一次出行记录，包含出行时间、出行起点、出行终点、出行费用等多个字段。

(5) 冗余：冗余表示存储两倍数据。冗余降低了性能，但提高了数据的安全性。

(6) 主键：主键是唯一的。一个数据表中只能包含一个主键。可以使用主键来查询数据。

(7) 外键：外键用于关联两个表。

(8) 复合键：复合键(组合键)将多个列作为一个索引键，一般用于复合索引。

(9) 索引：使用索引可快速访问数据库表中的特定信息。索引是对数据库表中一列或多列的值进行排序的一种结构，类似于书籍的目录。

(10) 参照完整性：参照完整性要求关系中不允许引用不存在的实体。参照完整性与实体完整性是关系模型必须满足的完整性约束条件，目的是保证数据的一致性。

3.2 数据库原理

3.2.1 三级模式、两级映像与数据独立性

美国国家标准协会(American National Standard Institute, ANSI)的数据库管理系统研究小组于1978年提出了标准化的建议，将数据库结构分为3级：面向用户或应用程序员的用户级、面向建立和维护数据库人员的概念级、面向系统程序员的物理级。

- 用户级

用户级也称为外模式，反映了数据库管理系统的用户观。外模式又称子模式或用户模式，对应于用户级。它是某个或某几个用户所看到的数据库的数据视图，是与某一应用有关的数据的逻辑表示。外模式是从模式导出的一个子集，包含模式中允许特定用户使用的那部分数据。用户可以通过外模式描述语言来描述、定义对应于用户的数据记录(外模式)，也可以利用数据操纵语言(Data Manipulation Language, DML)对这些数据记录进行操作。

- 概念级

概念级也称为概念模式，反映了数据库管理系统的整体观。概念模式又称模式或逻辑模式，对应于概念级。它是由数据库设计者综合所有用户的数据，按照统一的观点构造的全局逻辑结构，是对数据库中全部数据的逻辑结构和特征的总体描述，是所有用户的公共数据视图(全局视图)。它是由数据库管理系统提供的数据描述语言(Data Description Language, DDL)来描述、定义的。

- 物理级

物理级也称为内模式，反映了数据库管理系统的存储观。内模式又称存储模式，对应于物理级。它是数据库中全体数据的内部表示或底层描述，是数据库最低一级的逻辑描述，它描述了数据在存储介质上的存储方式和物理结构，对应着实际存储在外存储介质上的数据库。内模式是由内模式描述语言来描述、定义的。

数据库管理系统在三级模式之间提供了两级映像：模式/内模式的映像、外模式/模式的映像。

(1) 模式/内模式的映像：实现概念模式到内模式之间的相互转换。

(2) 外模式/模式的映像：实现外模式到概念模式之间的相互转换。

数据独立性是指数据与程序独立，将数据的定义从程序中分离出来，由 DBMS 负责数据的存储，从而简化应用程序，大大减少应用程序编制的工作量。数据独立性是由 DBMS 的两级映像功能来保证的。数据独立性包括数据的物理独立性和数据的逻辑独立性。

数据的物理独立性是指当数据库的内模式改变时，数据的逻辑结构不变。由于应用程序处理的只是数据的逻辑结构，这样物理独立性就可以保证。当数据的物理结构改变时，应用程序不用改变。但是，为了保证应用程序能够正确执行，需要修改模式/内模式的映像。数据的逻辑独立性是指用户的应用程序与数据库结构是相互独立的。数据的逻辑结构发生变化，应用程序也可以不修改。但是，为了保证应用程序能够正确执行，需要修改外模式/模式的映像。

3.2.2 数据库设计规范

数据库是一些关联表的集合，为了保证数据库的合理性和规范性，数据表的设计需要遵循一定的数据库设计规范。这里引入范式（Normal Form，NF）的概念。在关系数据库中关系需要满足一定要求，所需满足的不同程度的要求称为不同范式[6]。本节将详细介绍关系数据库中常用的三大范式。

● 概念介绍

(1) 关系

关系可解释为单一的结构类型，可用来表示不同实体之间的联系。关系可分为三种类型，分别是基本关系、查询表和视图表。

(2) 函数依赖

函数依赖是指关系中不同属性（数据表中的字段）之间的约束关系。比如一个司机的关系（司机数据表），存在司机编号、司机姓名和所属部门等属性。一个司机编号只对应一个司机，一个司机只能属于一个部门。当司机编号确定之后，司机姓名和所属部门也就确定了。即司机编号确定司机姓名和所属部门，或者司机姓名和所属部门依赖于司机编号。这种依赖关系可以理解为数学中的函数 $Y=f(X)$，上述的函数依赖可以写作 $X \rightarrow Y$。

(3) 完全函数依赖

对于属性集合 X（字段的集合），X 确定唯一的 Y；对于属性集合 X 的任意真子集 X'，X' 不能确定唯一的 Y；这样的依赖关系称为完全函数依赖。比如一个司机订单表，有司机编号、日期和日接单数等属性。属性集合 X 是（司机编号，日期），Y 是日接单数。司机编号和日期可以确定唯一的日接单数;对于 X 的真子集司机编号,只知道司机编号不能确定其在某日的接单数;对于 X 的真子集日期,只知道日期不能确定某司机在当日的接单数。所以可以称日接单数完全函数依赖于属性集合 X(司机编号,日期)。

（4）部分函数依赖

对于属性集合 X(字段的集合),存在属性集合 X 的真子集 X',X' 能确定唯一的 Y,则称 Y 部分函数依赖于属性集合 X。这样的依赖关系称为部分函数依赖。比如一个司机信息表,有司机编号、所属部门和部门领导等属性。属性集合 X 是(司机编号,所属部门),Y 是部门领导。对于 X 的真子集司机编号,司机编号已经能确定其部门领导,则称部门领导部分函数依赖于属性集合 X(司机编号,所属部门)。

（5）传递函数依赖

对于属性集合 X(字段的集合),$X \rightarrow Y$,其中 Y 不属于 X,Y 不能确定 X,且 $Y \rightarrow Z$,则称 Z 传递函数依赖于 X。比如存在司机信息表,有司机编号、所属部门和部门领导等属性。属性集合 X 是(司机编号),Y 是所属部门。司机编号能确定所属部门,所属部门不能确定司机编号,所属部门能确定部门领导,则称部门领导传递函数依赖于 X(司机编号)。

● **第一范式(1NF)**

第一范式,简称"1NF",是数据库设计需要满足的最低要求。第一范式要求数据表的每一列(字段)满足原子性要求,也就是说数据表的每一列(字段)都不可分割,即实体中的某个属性不能有多个值或者不能有重复的属性。

实例 1

现有司机信息表,存储司机编号、司机姓名、联系方式、省份及其简称、城市、详细地址。设计的表如表 3-1 所示,为满足数据库第一范式要求,请修改表字段。

表 3-1 司机信息表设计

司机编号	司机姓名	联系方式	省份	简称	城市	详细地址
1	张三	025-********,133********	江苏	苏	南京	玄武区童卫路*号
2	李四	025-********,183********	江苏	苏	南京	鼓楼区中央路*号
3	王五	0574-********,188********	浙江	浙	宁波	江北区风华路*号
4	李丽	0579-********,155********	浙江	浙	金华	金东区李渔路*号
5	王梅	028-********,177********	四川	川	成都	龙泉驿区成洛大道*号

解析：根据数据库设计第一范式要求，数据表的每一列需满足原子性要求并且不存在重复属性值(字段)。

显然字段联系方式不满足原子性要求，其可拆分成座机号和手机号两个字段。字段省份和简称，代表的是同一个意思，属于重复属性，需删除其中一个字段。重新设计的司机信息表如表 3-2 所示。

表 3-2　司机信息表设计(修改)

司机编号	司机姓名	座机号	手机号	省份	城市	详细地址
1	张三	025-********	133********	江苏	南京	玄武区童卫路*号
2	李四	025-********	183********	江苏	南京	鼓楼区中央路*号
3	王五	0574-********	188********	浙江	宁波	江北区风华路*号
4	李丽	0579-********	155********	浙江	金华	金东区李渔路*号
5	王梅	028-********	177********	四川	成都	龙泉驿区成洛大道*号

● **第二范式(2NF)**

第二范式，简称"2NF"，要求数据表中的每个实例或行必须能被唯一地区分。第二范式要求数据表中的非主键列(字段)都和主键相关，非主键列完全函数依赖于主键列。对于联合主键，数据表中的非主键列不能部分函数依赖于主键。值得注意的是，满足第二范式要求必须先满足第一范式要求。

实例 2

表 3-3 存储司机信息以及每日接单信息，联合主键为(司机编号，日期)。试分析该表是否符合第二范式要求，若不符合则修改该表。

表 3-3　司机接单信息表

司机编号	司机姓名	部门编号	部门主任	日期	日接单总数
1	张三	D1	李四	2020-08-05	15
1	张三	D1	李四	2020-08-06	12
3	王五	D3	王斐	2020-08-05	10
4	李丽	D2	杨牧	2020-08-06	13
5	王梅	D3	王斐	2020-08-05	10

解析：根据数据库设计第二范式要求，数据表中非主键列必须完全函数依赖于主键列。知道司机编号就能确定司机姓名、部门编号以及部门主任，司机姓名、部门编号以及部门主任仅依赖于司机编号，所以可以称司机姓名、部门编号和部门主任部分函数依赖于主键列(司机编号，日期)。可将表 3-3 拆分成表 3-4 和表 3-5。表 3-4 的主键为

(司机编号,日期),(司机编号,日期)可确定唯一的日接单总数。列司机编号不能确定唯一的日接单总数,列日期也不能确定唯一的日接单总数,所以不存在主键列的真子集可确定唯一的日接单总数,符合第二范式要求。

表 3-4 司机日接单信息表

司机编号	日期	日接单总数
1	2020-08-05	15
1	2020-08-06	12
3	2020-08-05	10
4	2020-08-06	13
5	2020-08-05	10

表 3-5 司机信息表

司机编号	司机姓名	部门编号	部门主任
1	张三	D1	李四
3	王五	D3	王斐
4	李丽	D2	杨牧
5	王梅	D3	王斐

表 3-5 的主键为(司机编号),司机编号可确定唯一的司机姓名、部门编号以及部门主任,符合第二范式要求。

● **第三范式(3NF)**

第三范式,简称"3NF",要求数据表中的非主键列(字段)都和主键列直接相关,并且不存在非主键列对主键列的传递函数依赖。满足第三范式要求必须先满足第二范式要求。

实例 3

第三范式在第二范式的基础上,消除了非主键列的传递函数依赖。试分析实例 2 中的表是否满足第三范式要求,若不满足则修改该表。

解析:表 3-4 的主键为(司机编号,日期),非主键列只有日接单总数,不存在传递函数依赖,所以表 3-4 符合第三范式。表 3-5 的主键为(司机编号),司机编号可以确定部门编号,部门编号不能确定司机编号,并且部门编号能确定部门主任,存在传递函数依赖,不符合第三范式要求,所以可以将表 3-5 拆分成表 3-6 和表 3-7。

表 3-6 司机-部门信息表

司机编号	司机姓名	部门编号
1	张三	D1
1	张三	D1
3	王五	D3
4	李丽	D2
5	王梅	D3

表 3-7 部门信息表

部门编号	部门主任
D1	李四
D1	李四
D3	王斐
D2	杨牧
D3	王斐

在实际数据处理中,要结合数据的属性合理设计数据表的字段。遵循上述范式要求可以减少冗余,更好地避免增删改操作引起的信息异常。但是范式的使用也可能造

成性能的降低,所以需要根据实际情况灵活处理。

3.2.3 数据库系统生命周期

数据库系统从开始规划、设计、实现、维护到最后被新的系统取代而停止使用的整个期间,称为数据库生命周期。其可划分为七个阶段:规划、需求分析、概念设计、逻辑设计、物理设计、实现、运行与维护。

- **规划阶段**

(1) 开展系统调查:对应用单位进行全面调查,发现其存在的主要问题,并画出层次图以了解企业的组织结构。

(2) 开展可行性分析:从技术、经济、效益、法律等方面对建立数据库的可行性进行分析,然后写出可行性分析报告,组织专家进行讨论。

(3) 确定总目标:确定数据库系统的总目标,并对应用单位的工作流程进行优化和制订项目开发计划,在得到决策部门授权后,即进入数据库系统的开发工作。

- **需求分析阶段**

(1) 分析用户活动,产生业务流程图。

(2) 确定系统范围,产生系统关联图。

(3) 分析用户活动涉及的数据,产生数据流图。

(4) 分析系统数据,产生数据字典。数据字典包括数据项、数据结构、数据流、数据存储和处理过程5个部分。

- **概念设计阶段**

进行数据库抽象,设计局部概念模型。常用的数据库抽象方法是聚集、概括。

(1) 聚集:将若干个对象和它们之间的联系组合成一个新的对象。

(2) 概括:将一组具有某些共同特性的对象抽象成更高一层意义上的对象。将局部概念模型综合成全局概念模型。评审分为用户评审和数据库管理员(Database Administrator,DBA)及应用开发人员评审两部分。

- **逻辑设计阶段**

(1) 把概念模型转换成逻辑模型。

(2) 设计外模型。

(3) 设计应用程序与数据库的接口。

(4) 评价数据库结构,通常采用定量分析和性能测量的方法。性能测量是指逻辑记录的访问数目,即一个应用程序传输的总字节数、数据库的总字节数。

(5) 定量分析处理频率和数据容量。处理频率是指数据库运行期间应用程序的使用次数。数据容量是数据库中记录的个数,数据库增长过程的具体表现就是这两个参数值的增加。

- **物理设计阶段**

（1）设计存储记录结构：包括记录的组成，数据项的类型、长度，以及逻辑记录到存储记录的映射。

（2）确定数据的存放位置：可以把经常同时被访问的数据组合在一起，"记录聚簇"技术能满足这个需求。

（3）设计存取方法：存取路径分为主存取路径和辅存取路径，前者用于主键检索，后者用于辅助键检索。

（4）考虑完整性和安全性：设计者应在完整性、安全性、有效性和效率方面进行分析，做出权衡。

（5）完成程序设计。

- **实现阶段**

用 DDL 定义数据库结构；组织数据入库；编制与调试应用程序；数据库试运行，包括功能调试、性能测试。

- **运行与维护阶段**

（1）转储和恢复数据库。

（2）控制数据库安全性、完整性。

（3）监督数据库性能。

（4）分析和改进。

（5）重组织和重构造数据库。

3.3 新兴数据库

3.3.1 键值数据库

- **键值数据库的定义**

键值数据库属于非关系数据库（NoSQL）的代表之一，不同于关系数据库使用包含行和列的二维表格模型来组织数据，键值数据库使用"键"（Key）作为数据的标识符，在键值数据库中，键是唯一标识符。键与值组成键值对（Key-Value Pairs），而键值对的集合就是数据的存储方式。前面提到，键是唯一的标识符，但对于值来说，每个值可以有多个键，即可以有键的组合。值通过与其关联的键来被检索，而值的类型非常多样，可以为简单的如字符串、整数之类的数据类型，也可以为 Json 之类的复杂数据类型。

键值数据库产品有 Voldemort、Redis、Oracle Berkeley DB、Oracle NoSQL、Aerospike、Redis 等。

- **键值数据库的功能与特点**

除了基本的使用键创建、更新、检索和删除数据之外,键值数据库还提供了其他额外的功能,来提升开发人员的工作效率。

(1)排序键:排序键的存在使得键值数据库可以依据特定的方式对键进行排序,比如首字母、数字、时间戳等。

(2)缓存:键值数据库可以将常访问的数据存入内存中,允许用户快速访问,并且允许节点间的数据共享。

(3)可拓展性:键值数据库具有高度的可拓展性,开发人员可以根据自己的需求,任意开发与添加新功能。

基于上述的功能,键值的存储方法允许定义简单、高效与紧凑的数据结构。这是非常重要的一个特点。多余功能的缩减使得开发人员可以快速而高效地存储数据,优化了其性能,开发人员可以快速地执行密集型的操作。与关系数据库相比,键值数据库在读取和写入数据方面具有性能上的优势。

但键值数据库也有缺点,比如对于像 Group By、Join 等常规 SQL 操作会存在效率较低的问题,一些像 Foreign Key、Not Null 等 SQL 约束也是不可以使用的。同样,由于数据存储的高度自由性,如果没有合理与提前规划,键值数据库的架构会非常凌乱。

- **键值数据库示例**

图 3-1 与图 3-2 提供了键值数据库的两个示例。

图 3-1 为组合键的键值数据库示例,存在两个键,分区键、排序键与其所对应的值组成了一个键值对。

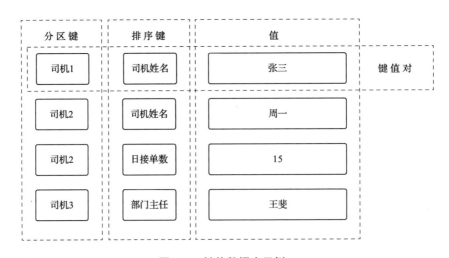

图 3-1 键值数据库示例一

也可以将信息存储在单键的键值数据库中,如图 3-2 所示,将姓名、日接单数与部门主任拼接放入值中,这也体现了键值数据库的高度自由的数据类型。

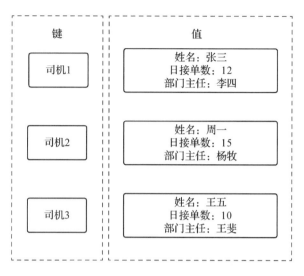

图 3-2　键值数据库示例二

● **键值数据库的使用场景**

鉴于键值数据库的功能与特点,以下提供了键值数据库在交通中应用的几个场景:

(1) 车路协同-边缘计算

对于车路协同,键值数据库可以为边缘计算提供支持,即在"终端采集到的数据,直接在靠近数据产生的本地设备或网络中进行激进型分析",在这种情况下,键通常为哈希值,而值是对应的块实体。由于键值数据库的灵活性,它可以更好、更高效地进行该操作。

(2) 交通大数据分析

在交通大数据中,能否对数据进行实时快速的访问始终是一个无法回避的问题,而键值数据库可以提供快速的内存访问,使其在处理小型连续的数据读取与写入的情况下非常有用。

3.3.2　图数据库

图数据库是一种特殊类型的数据库,它专门用于存储和管理图形数据。图形数据通常表示为节点和边的集合,节点表示实体,边表示实体之间的关系,典型的图数据库包括 Neo4j、ArangoDB、OrientDB、TigerGraph 等。图数据库的原始设计动机就是更好地描述实体之间的关系,如图 3-3 所示。图数据库与关系数据库最大的不同就是免索引邻接,图数据模型中的每个节点都会维护与它相邻的节点关系,这就意味着查询时间与图的整体规模无关,只与每个节点的邻点数量有关,这使得图数据库在处理大量复杂关系时也能保持良好的性能。图数据库可以帮助用户快速地查询和分析图形数据。与

其他类型数据库相比,图数据库具有以下特点:

(1) 结构化:图数据库可以存储复杂的图形数据结构,如节点和边。

(2) 可扩展性:图数据库可以支持大量数据和高并发访问。

(3) 高性能:图数据库可以快速查询和分析图形数据,特别是在处理复杂的关系数据时。

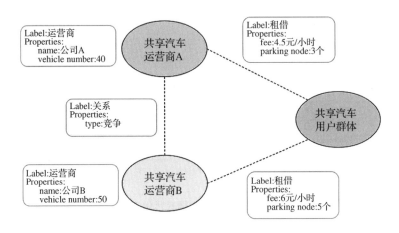

图 3-3 图数据库属性图实例

图 3-3 展示了图数据库中的一个典型属性图实例。图数据库通过"节点"和"边"的形式来组织数据,每个节点代表一个实体(例如共享汽车运营商 A、运营商 B 和用户群体),节点可以包含多个属性(例如公司名称、车辆数量等)。节点之间通过"关系"相连,关系也可以有相应的属性(例如竞争关系)。图数据库特别适合描述这种包含复杂关系的数据结构,使得对多维度的关联信息进行存储和查询更加直观和高效。

随着互联网和社交网络的普及,大量关系数据被收集和存储,传统的关系数据库(如 MySQL 和 PostgreSQL)在处理复杂关系数据时会变得低效,因此需要一种专门处理关系数据的数据库图数据库应运而生。2000 年,Neo4j 作为第一个开源图数据库诞生;2010 年,越来越多的图数据库出现,如 ArangoDB、OrientDB 等;2013 年,国外出现了图数据库管理系统(Graph Database Management System,GDBMS)的概念,强调图数据库的管理和维护;2018 年,图数据库在大数据领域的应用逐渐增多,如企业级图数据库 TigerGraph;2020 年,图数据库在人工智能和机器学习领域的应用也逐渐增多。

在使用图数据库时,用户可以使用图查询语言(如 Cypher、Gremlin、SPARQL 等)来查询和分析数据。这些语言可以帮助用户更好地理解和操作图形数据。在存储和管理图形数据时,图数据库还可以支持一些高级功能,如:

(1) 数据分层:可以将图形数据分为不同层次来管理。

(2) 数据索引:可以对图形数据建立索引来加快查询速度。

(3) 数据可视化:可以将图形数据可视化来帮助用户更好地理解数据。

另外,图数据库还支持分布式存储和计算,这样可以帮助用户处理海量数据。还有一些图数据库支持云部署,这样可以帮助用户轻松管理和使用图数据库。随着社交网络、大数据和人工智能等领域的发展,图数据库将在未来得到更多的应用。

总体来说,图数据库因其对关系数据处理的高效性,在社交网络、物联网、交通等领域得到了广泛应用。随着人工智能和机器学习技术的发展,图数据库在这些领域的应用也将进一步扩大。在社交网络分析中,图数据库可以帮助用户分析社交网络关系,比如分析用户关注关系、社交网络社区结构等。在金融风险控制中,图数据库可以帮助用户分析金融关系,比如分析账户关联关系、交易关系等。在推荐系统中,图数据库可以帮助用户分析用户兴趣关系、用户行为关系等。在知识图谱管理中,图数据库可以帮助用户管理知识图谱数据、查询知识图谱等。在物联网管理中,图数据库可以帮助用户管理物联网设备之间的关系、查询物联网设备状态等。在交通领域,图数据库可以有多种应用,比如:

(1) 交通线路优化:可以使用图数据库来分析道路网络,优化公交车、出租车等交通工具的线路,使它们更快速、高效地到达目的地。

(2) 路线推荐:可以使用图数据库来分析道路网络,为行驶在道路上的司机和乘客推荐最优路线,使他们更快速、高效地到达目的地。

(3) 路况分析:可以使用图数据库来分析道路网络上的车流量、车速等数据,了解道路状况,以便及时采取措施解决问题。

(4) 交通事故分析:可以使用图数据库来分析交通事故的原因,以便采取措施预防事故的发生。

(5) 城市交通管理:可以使用图数据库来管理城市交通系统,包括交通流量、交通灯控制、交通运营等。

3.3.3 时序数据库

时序数据库是在常规数据库基础上经过优化,用于摄取、处理和存储时间戳数据的数据库。需要注意,时序数据库可能是关系数据库或者非关系数据库,其特点在于其对时序数据的处理和存储。

- **时序数据及其特点**

时序数据是随时间不断产生的一系列数据,可以理解为带时间戳的数据。在交通系统中,卡口数据、过车数据、ETC 收费数据等都属于时序数据。在实际应用中,涉及时序数据的业务和普通数据处理业务在很多方面都有巨大的区别,归纳起来主要有如下几个方面:

(1) 时序数据是持续产生的,数据量巨大且不存在数据的"波峰"或者"波谷"。以卡口记录的车流数据为例,卡口数据采集频率高且固定,城市大量卡口以秒级频率全天候采集数据,每天记录大量的车流时序数据。

(2) 数据库操作主要是插入操作,更新或删除操作较少。时序数据相关业务少有更新或删除操作,因此时序数据库在架构设计上会针对更新或删除功能有较大的简化。

(3) 时序数据冷热性质明显。时序数据业务对近期产生的数据关注度更高,而时间久远的数据极少被访问。对于涉及时序数据的业务而言,时间久远数据甚至可以被丢弃。

(4) 时序数据存在多个维度的信息,同样以卡口记录的车流数据为例,车流数据除时间戳外,还包含车流量、车型比例、路段信息等多种信息,处理这类数据时往往需要多维度联合查询以及统计查询。

● **时序数据库相关概念**

时序数据库是专门处理时序数据的数据库。本节结合交通大数据介绍时序数据库的相关概念。

(1) 度量(Metric):Metric 类似于关系数据库的 Table,表示一类时序数据的集合,例如城市所有卡口记录的车流数据为一个 Metric,如图 3-4 所示。

(2) 标签(Tag):Tag 用于描述数据源的特征,这些特征一般不随时间变化,对于卡口记录的车流数据而言,Tag 包含卡口位置、检测设备编号等信息。时序数据库会为 Tag 建立检索,支持根据 Tag 进行数据检索。

(3) 时间戳(Timestamp):Timestamp 表示数据产生的时间点。

(4) 量测值(Field):Field 描述时序数据的量测指标,以卡口车流数据为例,Field 包含车流量、货车比例等随时间变化的信息。

(5) 数据点(Data Point):数据源在某个时间产生的某个量测指标值,称为数据点。例如某一卡口在某天 8:00—8:05 记录的车流量就可以看作一个数据点。

(6) 时间线(Time Series):时间线描述时序数据某一量测指标随时间变化的趋势。

Metric

regionId	linkId	Timestamp	trafficflow	ratiooftruck
12	100	2023-01-14 16:00	1218	0.3
12	201	2023-01-14 16:00	988	0.5
12	98	2023-01-14 16:01	1267	0.8
12	343	2023-01-14 16:02	589	0.7

| Tag | Timestamp | Field |

图 3-4 时序数据库相关概念

- **时序数据库的特点与设计挑战**

结合时序数据的特点,为了实现大规模时序数据的高效处理,时序数据库需要具备以下特点,这些特点也是当前时序数据库设计所面临的难点。

(1) 高吞吐量数据高速写入能力。由于时序数据相关业务会持续产生海量数据,为了实现对海量数据的快速存储,时序数据库对数据写入的速度有很高的要求,写入的并发量大。

(2) 高压缩率。时序数据库需要存储大量的数据,部分监控数据可能需要存储很长时间,一些情况下,需要存储 5~10 年,因此需要根据时序数据的特征对数据进行压缩。

(3) 高效时间窗口查询能力。时序数据业务的查询需求分为两类:一是实时数据查询,反映当前监控对象的状态;二是查询某个时间段的历史数据,历史数据的数据量非常大,时序数据库需要具备高效时间窗口查询能力。

(4) 高效聚合能力。时序数据业务场景通常会关心数据的聚合值,比如计数、均值等聚合值反映了某个时间段内的数据情况,因此时序数据库需要提供高效的聚合函数。

(5) 批量删除能力。时序数据业务对于过期的数据需要进行批量删除操作。

- **时序数据库的应用场景**

时序数据库随着 5G 技术和物联网的发展而逐渐进入人们的视线。这是因为随着 5G 技术和物联网的发展,数据量呈现出爆炸式的增长。目前物联网与应用性能监控是时序数据最典型的应用场景。在交通领域,车联网系统是时序数据库最为常见的应用场景。在车联网场景中,智能车辆会通过各类传感器定时采集车身状态信息,比如行驶速度、发动机转速、轮胎压力值、里程数等,此外,还会由某个事件触发产生车辆事件数据,比如门锁上防、撤防、车辆碰撞、异常移动等,数据在每次上报时都会带有时间戳,这是非常典型的时序数据场景。在这类场景下,高速写入、高压缩率、快速查询是对数据处理最基本的要求。

3.4 本章小结

本章深入探讨了数据库技术在交通大数据领域的应用和重要性。首先介绍了数据库的基础知识,包括数据库管理系统、数据库的发展历史以及常用的数据库管理系统。随后,介绍了数据库的三级模式、两级映像与数据独立性,以及数据库 MySQL 的安装。最后,在探讨新兴数据库技术方面,介绍了键值数据库、图数据库和时序数据库。这些新技术为存储和查询不同类型的交通数据提供了更多选择,使交通大数据的分析更加多样化和精细化。

在交通工程的实践中,数据库的应用贯穿数据的采集、存储、处理和分析等各个环节。例如,使用关系型数据库(如MySQL)可以有效地存储和管理交通流量、车辆轨迹等结构化数据,便于后续的查询与分析。而新兴的键值数据库、图数据库和时序数据库在交通数据的组织中,也展现出独特的优势,特别是在交通信号优化、路径规划和交通事件检测等应用中,为高效存储、快速检索和复杂关系分析提供了强有力的支持。因此,本章内容不仅为后续章节中的数据库基本操作打下基础,也为理解和实践交通大数据的存储与计算提供了关键知识支撑。

3.5 本章习题

1. 简述什么是索引以及索引的优缺点。
2. 结合你的专业知识,从交通大数据的角度出发,谈一谈 MySQL 的特点和优势。

3.6 参考文献

[1] 何新贵. 模糊关系型数据库的数据模型[J]. 计算机学报,1989,12(2):120-126.

[2] Silberschatz A,Korth H F,Sudarshan S. 数据库系统概念(原书第6版)[M]. 杨冬青,李红燕,唐世渭,等译. 北京:机械工业出版社,2012.

[3] 王能斌,孙明江,朱强. 一种关系 DBMS 数据更改功能的实现策略[J]. 东南大学学报:自然科学版,1987,17(6):27-36.

[4] Afyouni H A. Oracle9i 数据库性能调整与优化[M]. 吴越胜,张耀辉,等译. 北京:清华大学出版社,2005.

[5] 覃雄派,肖艳芹,曹巍,等. 面向更新密集型应用的内存数据库高效检查点技术[J]. 计算机学报,2009,32(11):2200-2210.

[6] 王珊,萨师煊. 数据库系统概论[M]. 4版. 北京. 高等教育出版社,2006.

第 4 章

数据库操作

面对复杂而庞大的交通大数据,如何进行高效的存储和管理以便进一步挖掘有用的信息,是解决实际问题的关键。在第 3 章中,我们学习了数据库系统的基础知识和原理,对数据库技术在交通大数据领域的重要性有了深入理解。从本章开始,我们将迈入实际操作,进入数据库操作的学习阶段。这些实际操作对于处理庞大的交通大数据,存储、查询以及保持数据完整性至关重要。

本章将重点介绍 MySQL 数据库系统,包括数据库安装、数据表操作、数据完整性约束、索引创建与管理等内容。此外,本章将通过实际案例进行数据库管理的实战。通过这些实际练习,读者将能够更好地掌握数据库操作的技巧和方法,为处理和分析交通大数据应用项目提供坚实的基础。

4.1 数据库基本操作

本节将介绍如何基于 MySQL 对数据进行存储以及基本的"增、删、改、查"的操作。在熟悉这些操作的基础知识后,我们建议借助如 MySQL Workbench 和 Navicat for MySQL 之类带有图形用户界面的第三方数据库管理和设计工具来管理和操作 MySQL 数据库。

4.1.1 Windows 环境下的 MySQL 安装

MySQL 是一种关系数据库管理系统,首先我们要在电脑中安装和配置 MySQL 的环境(本书仅以 Windows 10 做介绍)。

MySQL 安装文件分为两种,一种是 zip 格式,一种是 msi 格式。两种安装文件均可在官网下载。

就上面两种格式而言,我们更推荐第二种安装方法。第二种方法为安装步骤提供了可视化界面。同时安装过程中可附带下载 MySQL Workbench,这是一款专为 MySQL 设计的集成化桌面软件,能够为数据库管理员和开发人员提供一整套可视化的数据库操作环境,也更容易让初学者理解和上手。

MySQL 是一个客户机/服务器结构的 DBMS,为了使用它,需要一个客户机,即读者需要用来与 MySQL 打交道(给 MySQL 提供要执行的命令)的一个应用。MySQL

命令行应用程序是一个方便简洁的实用程序，图 4-1 展示了命令行状态下，root（根）用户的 MySQL 登录过程。MySQL 的所有操作指令均可以命令行的形式输入。

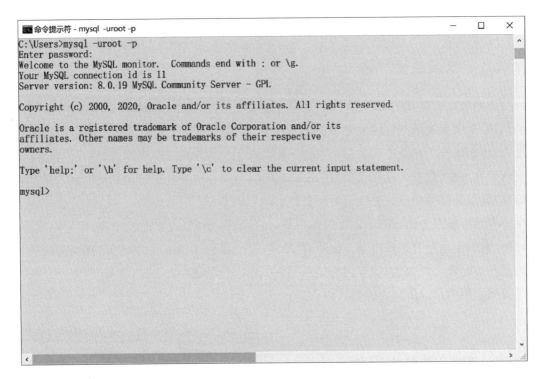

图 4-1　命令行下的 MySQL 登录

4.1.2　数据库操作

在连接到 MySQL 数据库后，对数据进行存储操作的前提是建立和维护相应的数据库，通常涉及创建、查看、选择、删除等基本操作。

- **创建数据库**

使用以下命令可以创建一个数据库：

1. CREATE DATABASE 数据库名称；

- **查看数据库**

使用以下命令可以查看目前创建的所有数据库：

1. SHOW DATABASES；

- **选择数据库**

使用以下命令可以选取某一数据库：

1. USE 数据库名称；

● 删除数据库

使用以下命令可以删除数据库：

1. DROP DATABASE 数据库名称；

实例 1

以下简单演示通过命令创建和选择数据库的过程，数据库名为 trans：

1. [root@ host]# mysql -u root -p
1. Enter password:******   # 输入预设的数据库密码后登录进入终端
2. mysql> CREATE DATABASE trans;   # 创建数据库 trans
2. mysql> USE trans;   # 选择数据库 trans
3. Database changed

4.1.3 数据表操作

● 使用 SQL 语句创建数据表

数据库可以看作一个大的储纳箱，储纳箱中存放着不同类型和结构的数据表，以此来存储对应的数据。

创建一个基本的表需要做的工作包括命名表、定义列（属性）和各列的数据类型。属性的数据类型，是根据数据的特征来确定的，比较常用的数据类型有字符串、字符、整数、浮点数等，也可以对属性列添加约束来规范数据类型和数据范围。关于数据类型的详细介绍可参考 MySQL 官方文档。

使用以下命令创建数据表：

1. CREATE TABLE 表名 (列名 数据类型)；

● 查看数据表

使用以下命令可以查看当前数据库下创建的所有数据表：

1. SHOW TABLES;

● 修改数据表

以下命令是对数据表中列的一些操作，包括在数据表上新增一个列、删除某个列，以及修改某个列的数据类型。

1. ALTER TABLE 表名 ADD [COLUMN] 列名 数据类型；   # 新增列,COLUMN 可省
2. ALTER TABLE 表名 DROP [COLUMN] 列名；   # 删除列
3. ALTER TABLE 表名 MODIFY [COLUMN] 列名 数据类型；   # 修改数据类型

● 修改表名

使用以下命令可以修改某个数据表的表名：

1. ALTER TABLE 表名 RENAME TO 新表名；

● 删除数据表

使用以下命令可以删除某个数据表:

```
1. DROP TABLE 表名;
```

● 插入记录

有两种语法形式可以向数据表中插入记录。

第一种形式不需要指定插入数据的列名,只需要提供插入的值即可。需要注意的是,以这种形式插入数据时,必须保证插入的该行数据的每一个值与数据表中定义的列名顺序保持一致。

```
1. INSERT INTO 表名 VALUES (值 1, 值 2, 值 3,…);
```

第二种形式需要指定插入数据的列名及被插入的值,这种形式下插入数据可以不和数据表中定义的列名顺序一致,只需要保证插入的值的顺序和指定的列名顺序一致。

```
1. INSERT INTO 表名 (列名 1,列名 2,列名 3,…) VALUES (值 1, 值 2, 值 3,…);
```

● 修改记录

以下命令表示当列名 2 为某值时,修改列名 1 为一个新值:

```
1. UPDATE 表名 SET 列名 1 = 新值 WHERE 列名 2 = 某值;
```

● 删除记录

使用以下命令可以删除某字段具有某特定值的记录:

```
1. DELETE FROM 表名 WHERE 列名 = 某值;
```

● 表中数据的清空

使用以下命令可以清空某数据表中所有数据:

```
1. DELETE FROM 表名;
```

● 两个数据表合并

如果有两个数据表 TABLE1 和 TABLE2,这两个数据表对应的字段相同,则可以将两个数据表中的数据合并,操作如下:

```
1. INSERT INTO 表名 1 SELECT * FROM 表名 2;
```

实例 2

在 trans 数据库中创建一个网格化网约车轨迹数据的数据表 trans_grid,并插入相关数据作为演示。

(1) 创建数据表 trans_grid

SQL 语句如下:

```
1. [root@ host]#  mysql -u root -p
2. Enter password:******     # 输入预设的数据库密码后登录进入终端
3. mysql> USE trans;  # 选择数据库 trans
4. Database changed
5. mysql>  CREATE TABLE trans_grid(
6.    → id INT NOT NULL AUTO_INCREMENT,   # 列名 id-数据唯一 id
7.    → row_id INT,  # 列名 row_id -网格的行 id
8.    → col_id INT,  # 列名 col_id -网格的列 id
9.    → time_id INT,  # s 列名 time_id -时间网格 id
10.   → ave_speed FLOAT,  # s 列名 ave_speed -网格平均速度
11.   → grid_acc FLOAT,  # s 列名 grid_acc -网格平均加速度
12.   → volume INT,  # s 列名 volume 网格浮动车流量
13.   → speed_std FLOAT,  # s 列名 speed_std -网格速度标准差
14.   → stop_num FLOAT,  # s 列名 stop_num -网格平均停车次数
15.   → date CHAR(8),  # s 列名 date -日期
16.   → PRIMARY KEY(id)
17.   → )ENGINE= InnoDB DEFAULT CHARSET= utf8;
18. Query OK, 0 rows affected, 1 warning (0.72 sec)
```

解析：

定义 CHAR 类型的列时需指定长度，否则 MySQL 默认为 CHAR(1)。

PRIMARY KEY 关键字用于定义列为主键约束。读者可以使用多列来定义主键，列间以逗号分隔。

ENGINE 设置存储引擎，CHARSET 设置编码。

MySQL 命令终止符为分号；→是换行符标识，不要复制。

执行成功后，就可以通过命令行查看表结构，如图 4-2 所示。

（2）插入数据

SQL 语句如下：

```
1. mysql>  INSERT INTO trans_grid
2.    → (row_id, col_id, time_id, ave_speed, grid_acc, volume, speed_std, stop_num, date)
3.    → VALUES
4.    → (0,0,55,4.7,0.3,2,4.7,6.8," 2016110");
5. Query OK, 1 row affected (4.64 sec)
```

完成数据插入后，可以通过以下语句查看数据表数据：

```
1. SELECT *  from trans_grid;
```

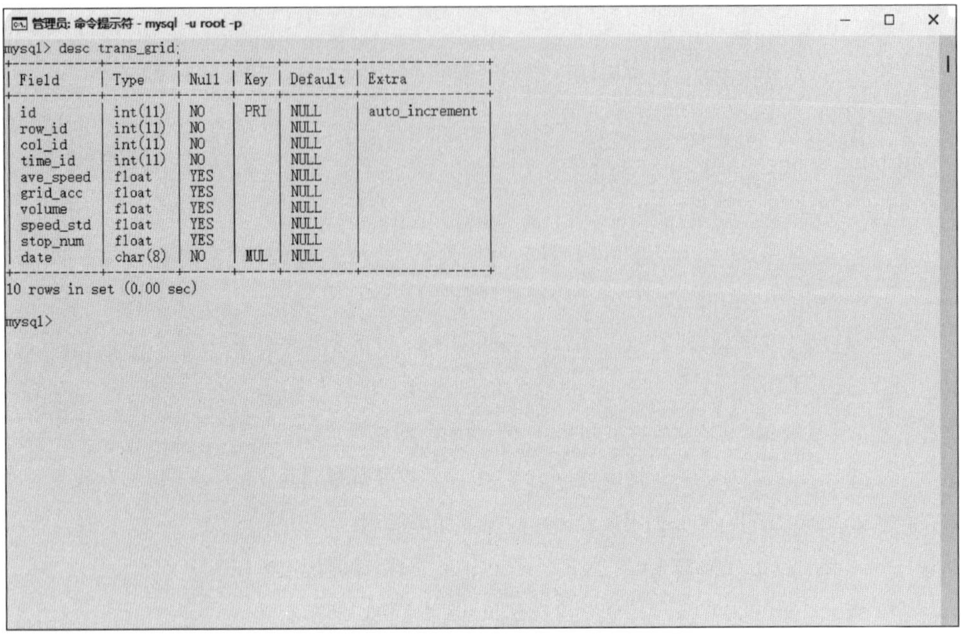

图 4-2　数据表 trans_grid 结构

输出结果如图 4-3 所示：

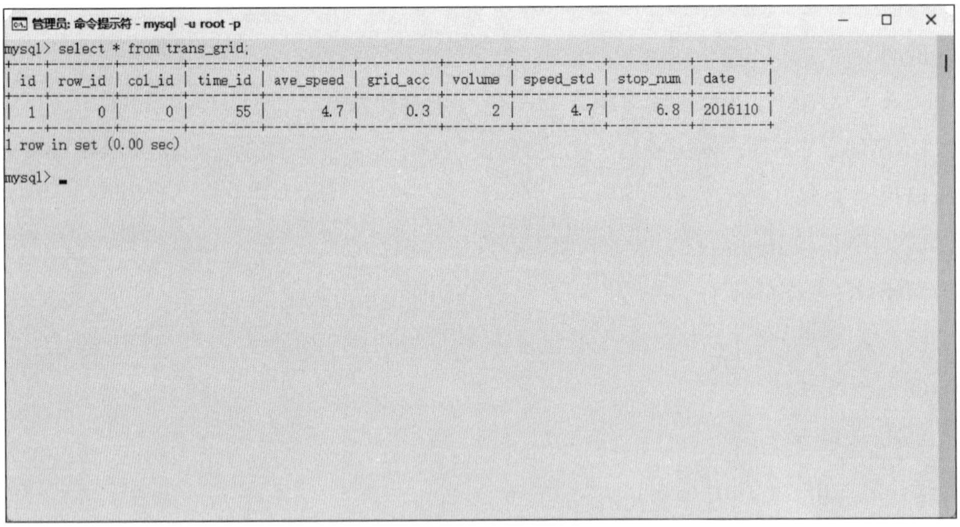

图 4-3　插入数据后数据表 trans_grid 的输出结果

4.1.4　数据完整性约束

为了确保数据库中的数据以规范的形式存储，需要制定一系列的约束，以防止不合规范的数据进入数据库。用户对数据库中的数据进行"增、删、改"操作时，数据库管理系统同样会对数据进行检测，以保证数据的规范性。约束条件主要分为以下四种：

第 4 章 数据库操作

- **非空约束**

  非空约束(not null constraint)指被约束的列的值不能为空。如果某列使用了非空约束，而用户在插入数据时没有给该列指定值，数据库管理系统就会提示用户出错。

  (1) 在创建表时定义非空约束

  SQL 语句如下：

```
1. CREATE TABLE 表名(
2. 列名 1 VARCHAR(10) NOT NULL,
3. 列名 2 FLOAT NOT NULL,
4. 列名 3 INT(11)
5. );
```

  (2) 给已有的表添加非空约束

  SQL 语句如下：

```
1. ALTER TABLE 表名 MODIFY 列名 1 VARCHAR(10) NOT NULL;
```

  (3) 删除非空约束，指定默认值

  如不需要指定默认值则省略关键词 DEFAULT '默认值'，SQL 语句如下：

```
1. ALTER TABLE 表名 MODIFY 列名 1 VARCHAR(20) DEFAULT '默认值';
```

- **主键约束**

  数据表中能唯一标识每一行记录的一列或多个列的组合称为主键，也叫作主码。主键约束(primary key constraint)为主键列提供唯一性的保证，要求主键列的数据是唯一且是非空的。

  (1) 在创建表时定义主键约束

  SQL 语句如下：

```
1. CREATE TABLE 表名(
2. 列名 1 FLOAT NOT NULL,
3. 列名 2 FLOAT NOT NULL,
4. 列名 3 INT(11) PRIMARY KEY,   # 方法一 直接定义
5. PRIMARY KEY(列名 1,列名 2)       # 方法二 对一个或多个进行定义
```

  (2) 给已有的表定义主键约束

  SQL 语句如下：

```
1. ALTER TABLE 表名 ADD PRIMARY KEY(列名 1,列名 2); # 使用 ALTER 语句
```

- **唯一性约束**

  唯一性约束(unique constraint)和主键约束相似的是要求数据表里某个列的值在每一行记录里都是唯一的。与主键约束不同的是，唯一性约束修饰的列的值可以是空值，但也只能有一个空值。

(1) 在创建表时定义唯一性约束

SQL 语句如下：

1. CREATE TABLE 表名(
2. 列名 1 INT(3) PRIMARY KEY,
3. 列名 2 VARCHAR(20) UNIQUE,
4. 列名 3 VARCHAR(50),
5. UNIQUE(列名 3)
6.);

(2) 给已有的表定义唯一性约束

SQL 语句如下：

1. ALTER TABLE 表名 ADD UNIQUE(列名 3);# 使用 ALTER 语句

- **外键约束**

外键(foreign key)是表中的一个列，它可以不是本表的主键，但必须对应另外一个表的主键。换而言之，如果公共关键字在一个关系中是主关键字，那么这个公共关键字被称为另一个关系的外键。外键可以为空值，若不为空值，则每一个外键值必须等于另一个表中对应主键的值。

外键约束是确保表与表之间引用完整性的主要机制。一个表可以有一个或多个外键。通常，把外键所在的表称为子表，外键所引用的表称为父表。

(1) 在创建表时定义外键约束

SQL 语句如下：

1. CREATE TABLE 子表名(
2. 列名 1 INT(3) PRIMARY KEY,
3. 列名 2 VARCHAR(20) NOT NULL,
4. 列名 3 INT(3) NOT NULL,
5. 列名 4 VARCHAR(50) NOT NULL,
6. CONSTRAINT 外键名 FOREIGN KEY(列名 3) REFERENCES 父表名(列名 3)
7.);

(2) 给已有的表定义外键约束

SQL 语句如下：

1. ALTER TABLE 子表名 ADD CONSTRAINT 外键名 FOREIGN KEY (列名 3) REFERENCES 父表名(列名 3);

4.1.5 索引创建与管理

索引是存储引擎用于快速找到记录的一种数据结构[1]。MySQL 索引的建立可以大大提高其检索速度,这对于 MySQL 的高效运行是很重要的。实际上,索引也是一张表,该表保存了主键与索引字段,并指向实体表的记录。索引包括单列索引和组合索引[2]:单列索引就是对数据表中单个列创建索引;组合索引就是对数据表中多个列创建一个索引。除此之外,索引又分为不同的类型。目前最常用的索引类型为普通索引、唯一索引、全文索引和空间索引。

在数据库操作中,合理地运用索引能够提供显著的便利。然而,过度或不适当的索引使用则可能导致诸多不便之处。值得注意的是,索引的应用实际上会减缓表的更新速度,因为在执行如 INSERT、UPDATE 和 DELETE 等操作时,MySQL 必须不仅修改表中所容纳的数据,同时需要对索引文件进行更新。

- 创建索引

(1) 在创建表时直接指定索引

SQL 语句如下:

```
1. CREATE TABLE 表名(
2. 列名1 数据类型 [完整性约束条件],
3. …,
4. [UNIQUE | FULLTEXT | SPATIAL] INDEX [索引名](列名1(长度),…)
5. );
```

(2) 对已有表进行索引操作

对已有表的索引操作有以下两种,SQL 语句如下:

```
1. CREATE [UNIQUE | FULLTEXT | SPATIAL] INDEX 索引名 ON 表名(列名1(长度),…);
   # 创建索引
2. ALTER TABLE 表名 ADD [UNIQUE | FULLTEXT | SPATIAL] [INDEX] 索引名(列名1(长度),
   …);          # 添加索引
```

注意如果列的类型是 CHAR、VARCHAR,长度的值可以小于列字段实际长度;如果列的类型是 BLOB 和 TEXT,就必须指定长度。

可选项 UNIQUE,表示创建的是唯一索引;

可选项 FULLTEXT,表示创建的是全文索引,注意全文索引只能创建类型是 CHAR、VARCHAR 和 TEXT 的列;

可选项 SPATIAL,表示创建的是空间索引;

可选项不填,表示创建的是普通索引。

创建索引的更多选项可参考 MySQL 官方文档[1]。

- 显示索引信息

使用 SHOW INDEX 命令可以列出表中相关的索引信息:

```
1. SHOW INDEX FROM 表名;
```

● 删除索引

使用 DROP INDEX 命令可以删除表中相关的索引信息：

```
1. DROP INDEX 索引名 ON 表名;              # 方法一
2. ALTER TABLE 表名 DROP INDEX 索引名;    # 方法二
```

实例 3

为之前创建的数据表 trans_grid 增加全文索引，SQL 语句如下：

```
1. mysql> ALTER TABLE trans_grid ADD FULLTEXT(date);
2. Query OK, 0 rows affected, 1 warning (6.06 sec)
```

修改后的数据表 trans_grid 具有两个索引，分别是上一步操作添加的全文索引 date 和在创建数据表 trans_tbl 时设定的主键约束 id。使用 SHOW INDEX 命令来列出表中相关的索引信息，图 4-4 为数据表 trans_grid 的部分索引信息。

```
1. mysql> SHOW INDEX FROM trans_grid;
```

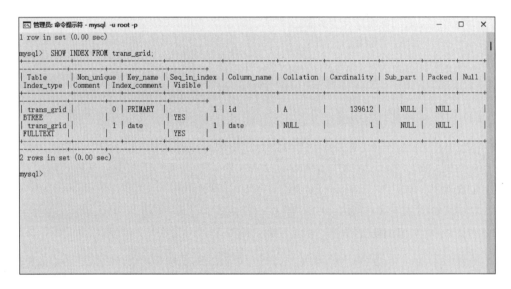

图 4-4　数据表 trans_grid 的部分索引信息输出结果

4.2　数据库查询操作

在对数据库的操作中，查询是最重要的一部分。查询操作可被划分为单表查询、多表查询以及嵌套查询。基础查询主要应用于需要处理的数据分布在一张表中的情况；多表查询应用于需要处理的数据分布在多张表中的情况；嵌套查询则呈现一种复杂的内部嵌套结构，允许一个查询语句块嵌套于另一查询语句块之中。

4.2.1 单表查询

单表查询的完整语句可以写为:

1. SELECT [ALL|DISTINCT] 列名 1,列名 2,…,列名 N FROM 表名
2. WHERE 约束条件
3. GROUP BY 分组依据
4. HAVING 过滤条件
5. ORDER BY 排序的字段
6. LIMIT 限制显示的条数
7. ;

下面对不同的语句进行分析:

● 查询表中所有数据

SQL 语句如下:

1. SELECT * FROM 表名;

● 查询指定列数据

SQL 语句如下:

1. SELECT 列名 1, 列名 2,…,列名 N FROM 表名;
2. SELECT 列名 1 AS 别名 1, 列名 2 AS 别名 2,…,列名 N AS 别名 N FROM 表名;

在给列起别名时,可以使用 AS,也可以直接在列名后跟别名,用空格分隔,省略 AS。

● 查询数据的去重

SQL 语句如下:

1. SELECT DISTINCT * FROM 表名;

● 条件查询

查询表中符合某一条件的列名 1 和列名 2 的记录,通过 WHERE 子句设置查询条件。SQL 语句如下:

1. SELECT 列名 1, 列名 2 FROM 表名 WHERE 条件;

● 查询结果排序

从表中选取所需字段的记录,并按照 1 个或多个列名进行排序,默认为升序(ASC),降序为 DESC。默认的 ASC 可以不指定。SQL 语句如下:

1. SELECT 列名 1,列名 2,…,列名 N FROM 表名
2. ORDER BY 列名 1,列名 2,…,列名 N ASC;

- **查询结果分组**

  从表中选择记录,并定义分组使用的列名。SQL 语句如下:

```
1. SELECT 列名 FROM 表名 GROUP BY 列名;
```

- **对分组后数据过滤**

  SQL 语句如下:

```
1. SELECT 列名 FROM 表名 GROUP BY 列名 HAVING 过滤条件;
```

  HAVING 是分组后的过滤,即在分组之后对分组的结果进行进一步的筛选。

4.2.2 多表查询

当需要的数据分布在不同的表中时,需要对表进行连接操作。表的连接有三种规则:

- **INNER JOIN(内连接,又称等值连接)**

  返回两个表中连接字段完全匹配的记录(左表和右表的交集),即必须满足连接条件的记录才会保留。

```
1. SELECT *  FROM 左表
2. INNER JOIN 右表 ON 左表.列名 2= 右表.列名 2;
```

- **LEFT JOIN(左连接)**

  将右表中的数据按照匹配条件拼接到左表中并返回左表,注意即使右表没有对应匹配的记录也仍然保留左表的记录。

```
1. SELECT *  FROM 左表
2. LEFT JOIN 右表 ON 左表.列名 2= 右表.列名 2;
```

- **RIGHT JOIN(右连接)**

  与左连接方式相反,返回右表所有记录以及左表中符合匹配条件的记录,即使左表没有对应匹配的记录也仍然保留右表的记录。

```
1. SELECT *  FROM 左表
2. RIGHT JOIN 右表 ON 左表.列名 2= 右表.列名 2;
```

  在数据库操作中还有一种常见的全连接查询,查询左右两表所有记录,即使没有对应的匹配记录也会作为单独的行记录返回。MySQL 不支持 FULL JOIN 关键字,所以在实现全连接查询时需要借助 UNION 关键字,其主要形式如下:

```
1. SELECT *  FROM 左表 LEFT JOIN 右表 ON 左表.列名 2= 右表.列名 2
2. UNION
3. SELECT *  FROM 左表 RIGHT JOIN 右表 ON 左表.列名 2= 右表.列名 2;
```

4.2.3　嵌套查询

嵌套查询是指拥有嵌套结构的查询语句,即可以将一个查询语句块嵌套在另一个查询块中。其中,嵌套在其他查询语句内部的 SELECT 语句称为子查询,或者叫作内查询,嵌套语句最外层的 SELECT 查询语句称为主查询或者外查询。子查询能够出现在不同子句中扮演不同的角色,在 WHERE 子句中利用子查询来过滤条件,在 FROM 子句中利用子查询作为一个临时表,等等。

- 单行子查询

单行子查询是指只返回一行查询结果的子查询。在主查询中我们可以利用单行比较符号(=,>,<,>=,<=,<>)来使用子查询的返回结果。

```
1. SELECT 列名 1, 列名 2, 列名 3
2. FROM 表名 1
3. WHERE 列名 2=（SELECT 列名 2 FROM 表名 2 WHERE 列名= 某值）;
```

- 多行子查询

多行子查询是指返回多行查询结果的子查询。在主查询中我们可以利用多行比较符号(IN,ALL,ANY)来使用子查询的返回结果。不同的多行比较符的使用环境不同,其中,IN 的含义是匹配的值只需要在子查询返回结果中即可,ALL 的含义是匹配的值必须符合子查询返回结果中的所有值才可,ANY 的含义是匹配的值只要符合子查询返回结果中的任意一个值即可。在使用操作符 ALL 和 ANY 时,需要注意的是这两个操作符必须和单行比较符一起使用。

```
1. SELECT 列名 1 FROM 表名 1
2. WHERE 列名 2 IN (SELECT DISTINCT 列名 2 FROM 表名 2 WHERE 列名 3=（SELECT 列名 3 FROM 表名 3 WHERE 列名 4= 某值));
```

- 多列子查询

多列子查询是指子查询的返回结果不止一个列。当多列子查询的返回结果是单行多列时,可参照单行子查询来使用子查询返回结果;当多列子查询的返回结果是多行多列时,可参照多行子查询来使用子查询的返回结果。

```
1. SELECT 列名 1, 列名 2, 列名 3,列名 4 FROM 表名 1
2. WHERE (列名 1,列名 4) IN (SELECT 列名 1, MAX(列名 4) FROM 表名 2 GROUP BY 列名 1);
```

实例 4

将 trans 数据库中表 trans_gird 中的数据清空,接着导入 DATASET-B.csv 中的数据。为了保持与《交通大数据：理论与方法》的一致性,采用了与其一样的数据集。导入后结果如图 4-5 所示,现在需要指定时间点(time_id=1)指定区域内($3 \leqslant$ col_id $\leqslant 5, 3 \leqslant$ row_id $\leqslant 5$)的平均速度,请写出查询语句。

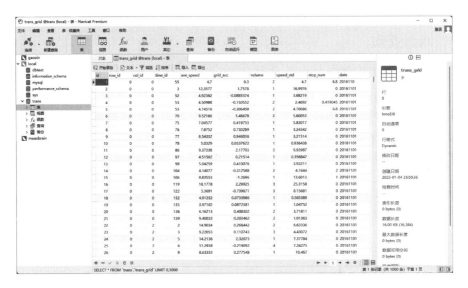

图 4-5　导入结果显示

SQL 语句如下：

1. [root@ host]#　mysql -u root -p
2. Enter password:******　　# 输入预设的数据库密码后登录进入终端
3. mysql>　USE trans;　# 选择数据库 trans
4. Database changed
5. mysql>　SELECT AVG(ave_speed) FROM trans_grid
6. mysql>　WHERE time_id = 1 AND col_id < = 5 AND col_id > = 3
7. mysql>　AND row_id < = 5 AND row_id > = 3;

执行结果如图 4-6 所示。

图 4-6　执行结果显示 1

解析：使用 WHERE 获取满足指定条件的数据，并使用 AVG 函数取平均值。

实例 5

在 trans 数据库中存在表 signals，表 signals 是某个手机用户产生的手机信令数据，具体如图 4-7 所示，表中包含信令记录索引（recordId，主键）、基站编号（Id）以及用户停留时间（staytime）三个字段，现在需要识别信令记录表中的乒乓数据。

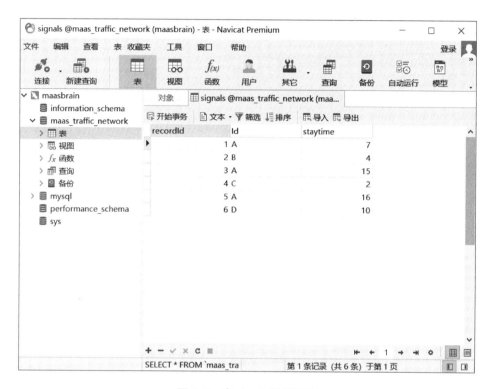

图 4-7　表 signals 数据示意

乒乓数据的产生原因可以简述为：手机用户处于多个基站的中间区域时，由于不同基站的信号相对强度不断变化，用户手机连接的基站在短时间内多次在两个或两个以上的基站之间来回切换，其切换的频率和时间间隔特征不能反映该用户在实际空间中的位置移动。在本例中，为了简化问题分析，仅按照以下规则定义乒乓数据：某条信令记录停留时间低于 5 分钟，但其上一条与下一条记录对应的基站相同（与该记录不同），且停留时间高于 5 分钟。以图 4-7 为例，表 signals 中第 2 条与第 4 条符合上述规则，被判定为乒乓数据。

SQL 语句如下：

```
1. SELECT recordId,s2_id,s2_staytime
2. FROM(
3. SELECT s2.recordId,
4.        s1.id as s1_id,s1.staytime as s1_staytime,
```

5.   s2.id as s2_id,s2.staytime as s2_staytime,
6.   s3.id as s3_id,s3.staytime as s3_staytime
7. FROM signals as s1,signals as s2,signals as s3
8.   WHERE s1.recordId+ 1= s2.recordId and s1.recordId+ 2= s3.recordId # 自连接条件
9. ）as A
10.   WHERE s1_id= s3_id and s1_id! = s2_id and
11.   s2_staytime< = 5 and s1_staytime> 5 and s3_staytime> 5

执行结果如图 4-8 所示。

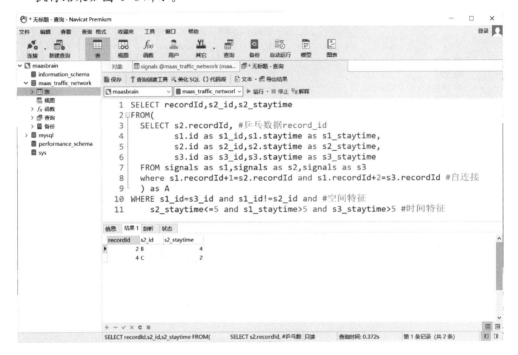

图 4-8　执行结果显示 2

解析：本例通过嵌套查询实现了对乒乓数据的识别，将内层查询的结果作为外层查询的来源。

内层查询实现了表的自连接，将每条信令记录的上一条记录与下一条记录的 Id 与 staytime 作为新列，并通过 as 语句赋予别名，方便区分。

外层循环通过对内存循环产生的表进行查询，实现了基于规则对乒乓数据的识别。

4.3　MySQL 运算符和内置函数

在数据处理的过程中，常常需要借助内置的运算符和函数。本节我们将对 MySQL

常用的运算符和内置函数进行简单介绍。

4.3.1 运算符

- **算术运算符**

MySQL 最常用的算术运算符包括加法运算符(＋)、减法运算符(－)、乘法运算符(＊)、除法运算符(/)和模运算符(％,MOD)。其中,除法运算返回的结果是商,模运算返回的结果是余数。在除法运算和模运算中,除数不能为 0,如果违反该规则,运算结果将返回空值(NULL)。

- **比较运算符**

在 SELECT 查询语句中,当需要筛选符合条件的数据时,就会用到比较运算符。比较运算符的结果只能是 1、0 和 NULL 中的一个。常用的比较运算符在表 4-1 中列出。

表 4-1 比较运算符

符号	描述	备注
=	等于	
<>或者！=	不等于	
>	大于	
<	小于	
<=	小于等于	
>=	大于等于	
BETWEEN	在两值之间	>=min&&<=max
NOT BETWEEN	不在两值之间	
IN	在集合中	
NOT IN	不在集合中	
<=>	严格比较两个 NULL 值是否相等	两个操作码均为 NULL 时,其所得值为 1;而当一个操作码为 NULL 时,其所得值为 0
LIKE	简单模式匹配	LIKE 通常与通配符(％)一同使用
REGEXP	正则式匹配	正则表达式通常被用来检索、替换那些符合某个模式(规则)的文本
IS NULL	为空	
IS NOT NULL	不为空	

- **逻辑运算符**

主要的逻辑运算符在表 4-2 中列出,其结果为 TRUE(1)、FALSE(0)、NULL 三种。

表 4-2 逻辑运算符

运算符	作用
AND 或 &&	逻辑与
OR 或 ||	逻辑或
NOT 或 !	逻辑非
XOR	异或

- 位运算符

程序中的所有数据在计算机内存中都是以二进制的形式储存的，位运算就是直接对数据在内存中的二进制位进行操作。主要的位运算符在表 4-3 中列出。

表 4-3 位运算符

运算符	作用	运算符	作用
&	位与	^	位异或
|	位或	>>	右移
~	位取反	<<	左移

4.3.2 内置函数

MySQL 提供了很多内置函数，本节将仅分类介绍一些常用的函数，这些函数能够帮助快速实现数据处理。

- 字符串函数

主要的字符串函数在表 4-4 中列出。

表 4-4 字符串函数

函数	说明	备注
ASCII(str)	返回最左字符的 ASCII 码值	
BIT_LENGTH(str)	返回字符串的比特长度	
LENGTH(str)	返回字符串 str 中的字符数	
CONCAT(s1, s2, ⋯, sn)	将 s1, s2, ⋯, sn 连接成一个字符串	任何字符串与 NULL 进行连接的结果都将是 NULL
CONCAT_WS(sep, s1, s2, ⋯, sn)	将 s1, s2, ⋯, sn 连接成字符串，并用 sep 字符间隔	
LOWER(str)	以小写形式返回字符串	
UPPER(str)	以大写形式返回字符串	
LEFT(str, n)	返回字符串 str 中最左的 n 个字符	如果第二个参数是 NULL，将返回 NULL
RIGHT(str, n)	返回字符串 str 中最右的 n 个字符	如果第二个参数是 NULL，将返回 NULL

(续表)

函数	说明	备注
LTRIM(str)	删除字符串开头的空格	
REPEAT(str, n)	重复字符串 str 指定次数	
REVERSE(str)	返回反转字符串 str 的结果	
RTRIM(str)	删除字符串尾部的空格	
STRCMP(s1,s2)	比较两个字符串 s1 和 s2	
SUBSTRING(str,pos,len)	返回字符串 str 从位置 pos 开始且长度为 len 的子字符串	
TRIM(str)	去除字符串前后所有空格	

- **数值函数**

主要的数值函数在表 4-5 中列出。

表 4-5 数值函数

函数	说明
ABS(x)	返回 x 的绝对值
CEILING(x)	返回不小于参数 x 的最小整数值
FLOOR(x)	返回不大于参数 x 的最大整数值
MOD(x,y)	返回 x/y 的模(余数)
PI()	返回 pi(圆周率)的值
RAND()	返回 0 到 1 内的随机浮点值
ROUND(x,y)	返回参数 x 的四舍五入的值,并保留至小数点后 y 位

- **日期时间函数**

主要的日期时间函数在表 4-6 中列出。

表 4-6 日期时间函数

函数	说明
CURRENT_DATE()	返回当前的日期
CURRENT_TIME()	返回当前的时间
DATE_ADD(date, INTERVAL expr unit)	返回日期 date 加上间隔时间 expr 的结果,unit 表示时间单位
DATE_FORMAT(date, format)	依照指定的 format 格式格式化日期 date 值
DATE_SUB(date, INTERVAL expr unit)	返回日期 date 减去间隔时间 expr 的结果,unit 表示时间单位
DAYOFWEEK(date)	返回 date 所代表的一星期中的第几天(1~7)
DAYOFMONTH(date)	返回 date 是一个月的第几天(1~31)
DAYOFYEAR(date)	返回 date 是一年的第几天(1~366)

(续表)

函数	说明
FROM_UNIXTIME(ts, fmt)	根据指定的 fmt 格式,格式化 UNIX 时间戳 ts
UNIX_TIMESTAMP(date)	返回日期 date 的 UNIX 时间戳
HOUR(time)	返回 time 的小时值(0～23)
MINUTE(time)	返回 time 的分钟值(0～59)
MONTH(date)	返回 date 的月份值(1～12)
NOW()	返回当前的日期和时间
WEEK(date)	返回日期 date 为一年中第几周(0～53)
YEAR(date)	返回日期 date 的年份(1000～9999)

实例 6

提取表 trans_grid 中字段 date 中的年份信息,将其存放在新的字段 year 下。

SQL 语句如下:

1. [root@ host]# mysql -u root -p
2. Enter password:******   # 输入预设的数据库密码后登录进入终端
3. mysql> USE trans; # 选择数据库 trans
4. Database changed
5. mysql> UPDATE trans
6.   → SET year= LEFT(date,4)

执行结果如图 4-9 所示。

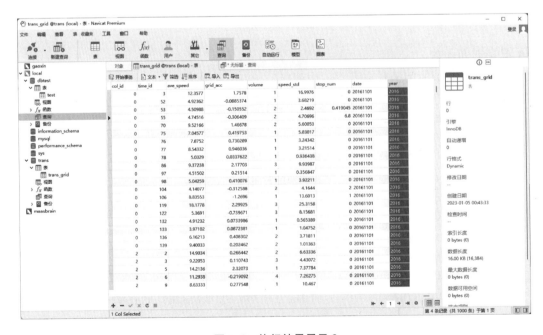

图 4-9　执行结果显示 3

解析：使用 LEFT 函数获取原字符串中指定内容，以此形成 year 字段。使用 UPDATE、SET 对数据表进行更新。

4.4 数据管理

在学习了 MySQL 基础知识与语法的基础上，本节将介绍如何对存储的数据进行有效的管理。例如，对通过数据库查询操作和处理后得到的结果进行导出或者备份。本节主要介绍如何对数据进行导入、导出和备份。

4.4.1 数据的导入与导出

前文介绍了很多有关数据库、数据表的基本操作语句和注意事项。在建立了相应的数据库和数据表后，可以开始进行数据的导入和导出，简而言之，就是将海量的多源数据（数据可能有多种格式，例如 txt、csv 或（Excel）存入建立的数据表，或将数据表按照要求导出成相应的形式。

- **基于 SQL 语句的数据导入与导出**

（1）TXT 和 CSV 格式数据的导入

SQL 语句如下：

```
1. 登录 MySQL
2. USE 数据库名;
3. LOAD DATA INFILE '导入文件存放目录' INTO TABLE 表名
4. FIELDS TERMINATED BY 字段分隔
5. [optionally]ENCLOSED BY 包括字段的字符
6. ESCAPED BY 转义字符
7. LINES TERMINATED BY 每行记录之间的分隔符;
```

（2）TXT 和 CSV 格式数据的导出

SQL 语句如下：

```
1. 登录 MySQL
2. USE 数据库名;
3. SELECT *  INTO OUTFILE '导出文件存放目录' FROM 表名和查询条件
4. FIELDS TERMINATED BY 字段分隔
5. [optionally]ENCLOSED BY 包括字段的字符
6. ESCAPED BY 转义字符
7. LINES TERMINATED BY 每行记录之间的分隔符;
```

（3）Excel 格式数据的导入

SQL 语句如下：

1. 登录 MySQL
2. USE 数据库名;
3. LOAD DATA INFILE '导入文件存放目录' INTO TABLE 表名;

(4) Excel 格式数据的导出

SQL 语句如下：

1. 登录 MySQL
2. USE 数据库名;
3. SELECT * INTO OUTFILE '导出文件存放目录' FROM 表名和查询条件;

- 基于 Navicat 的数据导入与导出

基于 SQL 语句的数据导入与导出，缺乏图形化的操作和结果显示界面，不够直观和便捷。具备图形用户界面的第三方数据库管理和设计工具对数据库的操作和管理提供了一种更为快捷额定方法。因此，本节将介绍一种图形化数据库管理工具 Navicat，以帮助读者加强对数据库存储及操作的直观理解。

Navicat for MySQL 是管理和开发 MySQL 或 MariaDB 的理想解决方案。它有很好的兼容性，能够和多种云数据库兼容，也能同时连接 MySQL 和 MariaDB 数据库。Navicat for MySQL 还提供了友好的用户界面，可以让用户简单快捷地使用。

安装好 MySQL 后，运行 Navicat 安装包。

Navicat for MySQL 界面如图 4-10 所示，可以看到，Navicat 上部工具栏已经集成

图 4-10　Navicat for MySQL 界面

了各种 MySQL 支持的操作，左侧工具栏则用于陈列已有的数据库、表格、函数、查询等。中间的工作区支持查看表格内容与表结构及其他查询操作等。

4.4.2 数据备份

MySQL 数据库的逻辑备份常用 MySQLdump，在 Windows 上使用，需在命令行下输入命令：

```
1. Shell>  MySQLdump [options] 数据库名 [表名1...]
2. Shell>  MySQLdump [options] --databases 数据库名...
3. Shell>  MySQLdump [options] --all-databases
```

常见的 Options 选项如表 4-7 所示。

表 4-7　常见的 Options 选项

Options	说明
--all-databases，-A	备份（转储）所有数据库中的所有表
--databases，-B	将所有名字参数作为数据库名称
--force，-f	即使在表备份期间发生 SQL 错误也要继续
--help	显示帮助信息并退出
--host	备份主机名，默认为 localhost
--ignore-table	不要备份给定的表
--no-data	不备份表的内容，只导出表结构
--password	连接服务器时使用的密码
--port	用于连接的 TCP / IP 端口号
--quick，-q	快速导出
--tables	覆盖 --databases or -B 选项，后面所跟参数被视作表名
--user，-u	用户名
--xml，-X	导出为 xml 文件

更多的 Options 选项及操作命令详见 MySQLdump 官方文档[1]。

4.5　数据库入门实战

之前已依次介绍了基础的数据库应用技术和简单示例，比如数据表的插入、更新、删除，数据的导入与导出，单表查询、多表查询以及嵌套查询等。本节将基于网约车出行轨迹数据展示如何利用数据库进行基本的交通大数据存储和预处理。本节将使用 Navicat 来进行更直观的演示。

4.5.1 数据集介绍

本案例的数据集主要是 DATASET-A。为了保证与《交通大数据：理论与方法》的一致性，采用了与其一样的数据集。DATASET-A 的字段主要包括司机 ID、订单 ID、时间戳、经度和纬度，具体如表 4-8 所示。

表 4-8 DATASET-A 主要字段

序号	字段名称	字段说明	举例	备注
1	DriverID	司机 ID	Glox.jrrlltBMvCh8nxqktdr2dtopmIH	已经脱敏处理
2	OrderID	订单 ID	Jkkt8kxnioIFuns9qrrlvst@iqnpkwz	已经脱敏处理
3	Timestamp	时间戳	1501584540	Unix 时间戳，单位为秒
4	Longitude	经度	104.04392	GCJ-02 坐标系
5	Latitude	纬度	104.04392	GCJ-02 坐标系

4.5.2 数据的存储

本案例所使用的数据集为 *.csv 格式，因为数据文件第一行不是数据表的字段，所以使用 SQL 语句导入数据。首先在数据库中创建表 gps_trajectory，数据字段如表 4-8 所示。创建的表如图 4-11 所示。

图 4-11 数据表设计

在导入数据之前，查看数据的字段分割符为","，每行数据之间的分隔符为"\n"，然后单击 Navicat 上部工具栏的"查看—新建查询"，在"查询编辑器"中输入相应 SQL 语句并执行。

```
1. load data infile 'D:\\testOut\\gps_20161101.csv' into table gps_trajectory  # 路
    径为数据集存放路径
2. fields TERMINATED by ','
3. lines TERMINATED by '\n';
```

执行完 SQL 语句后，Navicat 工作区下方会显示每一条语句受影响的行、执行时长、执行结果等信息，若出错，则会提示出错位置。网约车出行轨迹数据的导入到此完成，结果如图 4-12 所示。

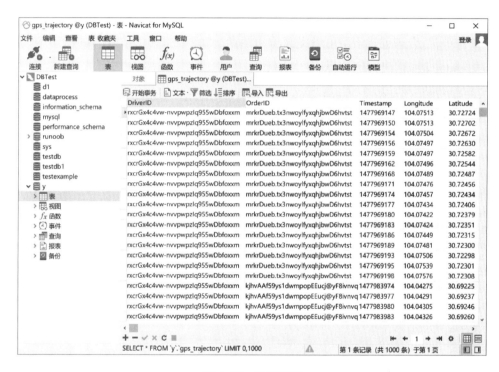

图 4-12　数据查看

4.5.3　数据预处理

交通大数据的一个重要特点就是纷杂。因此，在对原始数据进行分析和处理之前，都必须经过数据清洗环节。例如，对数据中出现的空值或重复数据进行清理。

删除含有空值的数据记录语句如下：

```
1. DELETE
2. FROM
3.   gps_trajectory
```

```
4. WHERE
5.    DriverID IS NULL
6.    OR OrderID IS NULL
7.    OR 'Timestamp' IS NULL
8.    OR Latitude IS NULL
9.    OR Longitude IS NULL;      # 删除任意字段为空的数据记录
```

直接对重复数据进行删除有一定的困难,因此我们将数据表中不重复的数据保存为一张新表(gps_2016_11),该表即为经过筛选后没有空值和重复数据的新表。

```
1. create table gps_2016_11 as select distinct * from gps_trajectory;
```

4.5.4 索引的应用

如前所述,合理创建索引可以提高检索速度。在网约车出行轨迹数据集上创建索引,以表 gps_2016_11 为例,SQL 语句如下:

```
1. CREATE INDEX index_1 ON gps_2016_11（DriverID）;
2. CREATE INDEX index_2 ON gps_2016_11（OrderID）;
3. CREATE INDEX index_3 ON gps_2016_11（Timestamp）;
```

只给表 gps_2016_11 的列 DriverID、OrderID 和 Timestamp 创建普通索引。创建完成后,查询表 gps_2016_11 的索引信息,如图 4-13 所示。

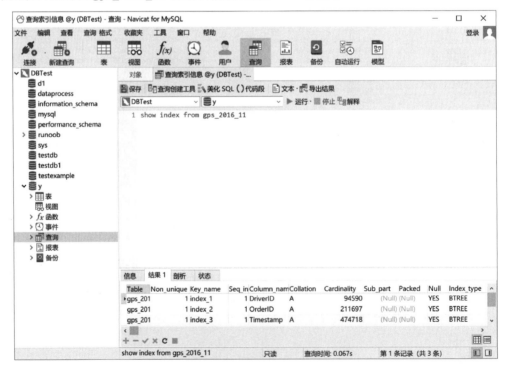

图 4-13 索引信息查询

4.5.5 单表查询的应用

表 gps_2016_11 存放司机 ID、订单 ID 等数据时因为时间戳的不同存在重复情况，利用数据库中的单表查询操作可以统计出不重复的司机 ID 和订单 ID：

1. SELECT DISTINCT DriverID, OrderID FROM gps_2016_11;

得到的部分结果如图 4-14 所示。

图 4-14　执行结果显示 4

除此之外，还可以利用单表查询，从表 gps_2016_11 中查询出订单 ID、接单司机以及订单时长等信息，SQL 语句如下：

1. SELECT
2. 　　any_value（DriverID）AS DriverID,
3. 　　OrderID,
4. 　　max('Timestamp')- min('Timestamp')AS Order_Time
5. FROM
6. 　　gps_2016_11
7. GROUP BY
8. 　　OrderID;

执行语句后得到图 4-15 所示的结果。

观察上述语句，其分析的逻辑是：将表 gps_2016_11 的数据按照 OrderID 分组，每一个分组包含一个订单的详细信息，包括其接单司机 ID、订单 ID、起点与终点的时间

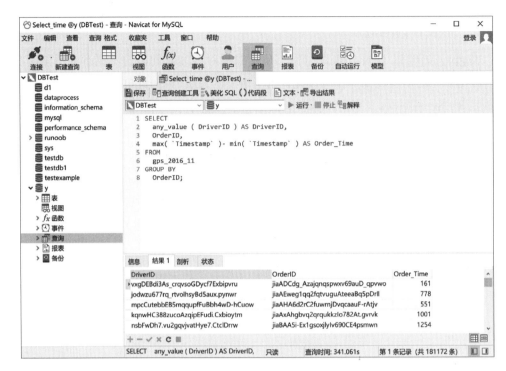

图 4-15　订单信息查询

戳。其中，最大时间戳和最小时间戳的差即为订单的持续时间。

4.5.6　多表查询的应用

在数据处理中，有时多个表格的不同信息是需要同时得到的，这就需要利用多表查询。以查询司机接单下车地点为例，SQL 语句如下：

```
1. WITH gps1 AS（SELECT any_value（DriverID），OrderID, max('Timestamp') maxT, min
（'Timestamp'）minT FROM gps_2016_11 GROUP BY OrderID）SELECT
2. gps2.DriverID,
3. gps2.OrderID,
4. gps1.maxT,
5. gps2.Longitude D_longitude,
6. gps2.Latitude D_latitude
7. FROM
8.    gps_2016_11 gps2
9.    INNER JOIN gps1 ON gps2.OrderID = gps1.OrderID
10. AND gps2.'Timestamp' = gps1.maxT
```

其中，表 gps1 表示第一个 SELECT 语句执行后的临时表，表 gps2 表示表 gps_2016_11。单独执行第一个 SELECT 语句，得到的结果如图 4-16 所示。

图 4-16 执行结果显示 5

在这里，表 gps_2016_11 是表 gps_trajectory 去重的结果，拥有相同的结构。可以看出，只需找到表 gps1 和表 gps2 中订单 ID 相同并且表 gps2 中时间戳（Timestamp）和表 gps1 最大时间（maxT）相同的数据，就能得到最大时间的经纬度，也就是终点的经纬度。采用等值连接函数 INNER JOIN。最终结果如图 4-17 所示。

4.5.7 嵌套查询的应用

在嵌套查询中，通常将一个 SELECT 语句的查询结果返回作为另一个语句的输入。以查询司机接单总数为例，SQL 语句如下：

1. SELECT
2.   DriverID,
3.   count(OrderID)
4. FROM
5.   (SELECT DISTINCT DriverID, OrderID FROM gps_2016_11) g
6. GROUP BY
7.   DriverID;

在 Navicat 工作区，可以看到执行完 SQL 语句的结果，如图 4-18 所示。

分析逻辑如下：子查询可以得到所有不重复的"司机 ID-订单"表并存为临时表，主查询按照司机 ID 对临时表分组，查询不同司机 ID 对应的接单总数。

图 4-17 多表查询结果显示

图 4-18 司机 ID 和接单总数查询

4.5.8 新表生成和数值统计

司机特征包括司机 ID、订单数目和接单总时长。首先从表 gps_2016_11 中查询出订单 ID、接单司机 ID 以及订单时长并存为临时表，然后利用数值统计函数从该临时表中获取司机的 ID 信息、接单总数和接单总时长，可以将查询的结果保存到新表 Driver_Info 中。SQL 语句如下：

```
1.  CREATE TABLE Driver_Info AS (
2.  SELECT
3.      DriverID,
4.      count( OrderID ) AS Order_number,
5.      SUM( Order_Time ) AS Sum_Time
6.  FROM
7.      ( SELECT any_value( DriverID ) AS DriverID, OrderID, max( 'Timestamp' )- min
    ( 'Timestamp' ) AS Order_Time FROM gps_2016_11 GROUP BY OrderID ) b
8.  GROUP BY
9.      DriverID
10. );
```

新建的表格（部分）如图 4-19 所示。

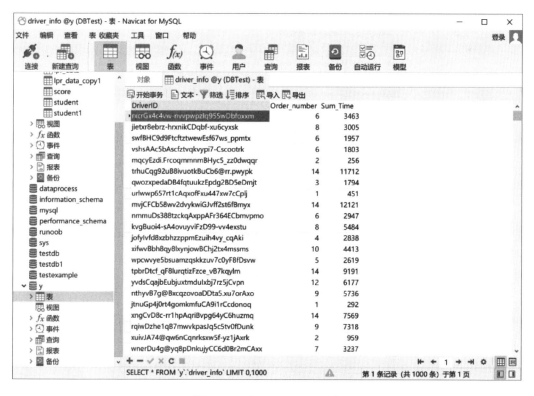

图 4-19　表 Driver_Info 示意

4.5.9 字段形式处理

对合并的表格可以进行字段形式处理。对于此数据集,可以计算出司机平均每单的时间。SQL 语句如下:

```
1. ALTER TABLE Driver_Info ADD COLUMN Avg_Time VARCHAR ( 50 );
2. UPDATE Driver_Info
3. SET Avg_Time =  Sum_Time DIV Order_number;
```

首先我们给表格 Driver_Info 增加字段 Avg_Time,接着给新增的 Avg_Time 字段赋值。完成上述必要操作之后,部分结果如图 4-20 所示。

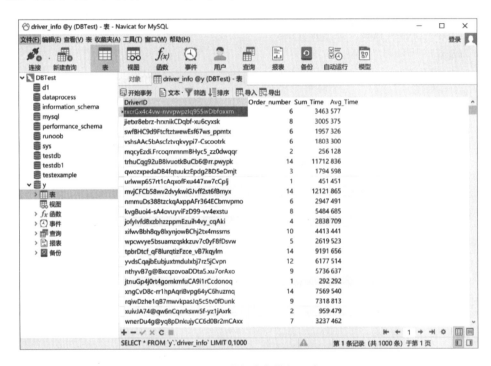

图 4-20 增加字段结果示意

4.6 本章小结

本章主要介绍了交通大数据中数据存储和分析的方法,包括数据库的各项操作以及数据库在实际交通问题中的应用。本章基于 SQL 语句,介绍了包括数据表的存储、基本查询方法的应用、运算符和函数的使用、索引的使用等数据库常见操作,让初学者都能够循序渐进地理解 SQL 语句,学会 SQL 语句,并使用 SQL 语句分析简单的问题。本章最后还以网约车运行轨迹数据为基础,详细展示了如何利用数据库进行交通大数据的存储,并进行初步的清洗和统计性分析,在帮助读者熟悉 SQL 操作的同时,进一步加深其对数据库的理解。当完成了对数据的基本存储和简单清洗后,需要对数据进行更深层次的挖掘和探索,此后的章节还将重点阐述数据分析、相关技术优化。

4.7 本章习题

1. MySQL 不支持 FULL JOIN 关键字,那么 MySQL 如何实现全连接查询呢?

2. 根据本章数据表 gps_trajectory,其中字段 Timestamp 的格式为 UNIX 时间戳,请利用本章介绍的内置函数,将其转换为标准时间格式"yyyy-MM-dd HH:mm:ss",并查询在 2016-11-01 10:10:00 发生的所有字段,请写出 SQL 语句。

3. 建立一个数据库,数据库名为自己的姓名,在该数据库下设计数据表 Driver、数据表 Bus 以及数据表 Passenger。其中数据表的字段如下:

(1) 司机表 Driver 的字段有司机编号 DID、司机姓名 Dname、司机性别 Dsex 以及司机驾驶车编号 BID;

(2) 公交车表 Bus 的字段有车编号 BID、车起点 BO、车终点 BD;

(3) 乘客表 Passenger 的字段有刷卡编号 PID、车编号 BID、上车站点 PON、下车站点 POFF。

请写出 SQL 语句。

4. 向题 3 的数据表中插入测试数据,插入的测试数据见表 1、表 2 和表 3,请写出 SQL 语句。

表 1 司机表 Driver

司机编号 DID	司机姓名 Dname	司机性别 Dsex	车编号 BID
01	张三	男	01
02	李磊	男	03
03	李四	男	02
04	周迅	女	03
05	王五	男	01

表 2 公交车表 Bus

车编号 BID	车起点 BO	车终点 BD
01	客运站	盛泰桥
02	同仁客运站	江宁开发区
03	西站	装饰城

表 3　乘客表 Passenger

刷卡编号 PID	车编号 BID	上车站点 PON	下车站点 POFF
01	01	东大北门	百家湖
02	01	同仁医院	天元路
03	03	西站	鼓楼医院
04	02	松岗街	江宁开发区
05	03	三牌楼	新街口北站

5. 在题 4 的基础上查询乘坐路线"01"的所有乘客信息。

6. 将题 4 中的司机信息表导出为 Excel 格式的文件，并将导出的 Excel 数据文件导入新表 DriverTest 中，请写出 SQL 语句。

4.8　参考文献

［1］Schwartz B, Zaitsev P, Tkacbenko V. 高性能 MySQL[M]. 3 版. 宁海元,周振兴,彭立勋,等译. 北京：电子工业出版社，2013.

［2］王正万. MySQL 索引分析及优化[J]. 黔东南民族师范高等专科学校学报，2006(3)：54-55.

第 5 章

数据库管理与优化

在处理交通大数据时，大规模的交通数据需要有效存储、查询和优化，高效的数据库管理和性能优化至关重要。上一章介绍了 MySQL 数据库系统以及一些基本的操作，本章将在此基础上介绍一些优化操作与高级语法以便进行一些进阶的数据库管理。

本章将介绍数据库管理与简单优化的内容，并对 MySQL 数据库引擎、索引优化和其他相关技术进行深入解析。首先，本章将讨论 MySQL 的默认事务型引擎，揭示其如何保证事务的完整性，以及它在处理大规模数据时如何实现最佳性能。接下来，本章将探讨索引优化的不同方面，包括聚集索引、非聚集索引和复合索引，以及如何根据实际需求选择和应用这些索引。最后，本章将介绍查询优化与架构优化的相关内容，并进一步介绍优化时常用 SQL 相关语法与其他 SQL——Hive 及其基本操作。

通过本章的学习，读者将深入数据分析工作，了解如何更好地管理数据库，提高其性能，并按照最佳实践处理和优化交通大数据。

5.1 数据库初步优化

为了有效地对数据库进行优化，首先需要深入理解 MySQL 是如何存储数据的，包括它采用的数据结构以及数据在磁盘和内存中的处理方式。这些基本知识是进行后续优化工作的基石，因为数据的存储方式直接关系到数据库的性能和处理效率。本章将详细探讨索引优化的重要性和技巧，包括不同类型的索引及其适用场景，如何根据实际的查询模式选择和设计索引，以及如何避免常见的索引设计误区。此外，查询优化也是本章关注的重点，读者将学习如何编写高效的 SQL 查询语句，如何使用 EXPLAIN 命令来分析和理解查询的执行计划，以及根据执行计划来调整查询命令以提升性能。本章还将讨论数据库架构优化的策略，包括逻辑结构设计、表的分区、数据冗余与复制等方面，以确保数据库架构能够支持高并发访问并适应数据量的快速增长。

5.1.1 MySQL 数据结构

InnoDB 是 MySQL 的默认事务型引擎，它被设计用来处理大量的短期事务。在数据库管理系统中,事务是指单个工作单元执行的一系列操作,这些操作要么完全执行,要么完全不执行。事务是数据库管理的基本概念之一,它们确保数据库操作的完整性和一致性,可以确保事务的完整提交和回滚[1]。InnoDB 是为处理巨大数据量而设计的。

InnoDB 存储为 B+树,B+树为一种数据结构。节点/页是 InnoDB 存储记录的最小单位,非叶子节点存储键的值和指向子节点的指针,叶子节点存储记录和指向邻居叶子节点的指针。

- 数据结构特点

(1) 多路平衡树,m 个子树中间节点就包含 m 个元素,一个中间节点是一个 page(磁盘页)。

(2) 子节点保存了全部的元素,父节点的元素是子节点的最大或者最小元素,而且依然是有序的。

(3) 节点元素有序,叶子节点双向有序,便于排序和范围查询。

- 数据结构优点

(1) 平衡查找树可以在 $\log(n)$ 级别进行增删改查的操作。

(2) 单一节点比二叉树元素更多,查询 I/O(Input/Output,输入/输出)次数更少。

(3) 所有查询都要查询到叶子节点性能稳定。

(4) 支持范围查询,确定最小值和最大值,可基于双向链表获取范围内的所有节点。

- 数据结构缺点

以随机键的顺序插入一条记录可能会出现性能问题。

例如:在图 5-1 中,当添加一个键为 13 的记录时,MySQL 将在第 8 页保存该记录。但是,当添加一个键为 9 的记录时,它将导致第 7 页的分页。在这种情况下,MySQL 会在页面之间移动记录,并影响性能。

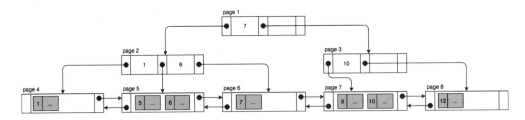

图 5-1 MySQL 数据结构示例

5.1.2 索引优化

索引优化是提升性能的主要手段,主要用到的索引基本为以下三种:聚集索引、非聚集索引和复合索引[2]。所有节点形成逻辑有序链表,便于排序查询与范围查询。

InnoDB 聚集索引的叶子节点存储行记录，普通索引的叶子节点存储主键值。图 5-2 展示了键值、主键值，以及行记录的树存储结构。

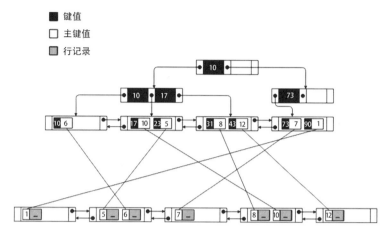

图 5-2　索引优化示例

- **聚集索引（Clustered Index）**

聚集索引是以主键作为搜索条件进行索引。一般情况下，表会使用自增主键进行聚集索引，如果没有主键，MySQL 会默认创建，但是一旦确定之后，这个主键的更改代价就会很高，所以建表时需要考虑自增主键不能频繁更新。

InnoDB 存储引擎中有且只有一个聚集索引：如果表定义了主键，则主键就是聚集索引；如果表没有定义主键，则第一个非空列（FIRST NOT NULL UNIQUE）是聚集索引；如果没有符合条件的列，InnoDB 会创建一个隐藏的 row-id 作为聚集索引。

- **非聚集索引（Noclustered Index）**

非聚集索引也被称为辅助索引或者二级索引，是以非主键为搜索条件进行索引。一般把根据实际情况自行添加的索引都称为辅助索引，它也是一个为了寻找主键索引的二级索引，方式为先找到主键索引再通过主键索引找数据[3]。一般使用非聚集索引会出现辅助索引无法直接找到需要的列或辅助索引可以直接找到需要的列两种情况，进而引出非聚集索引中的两种操作：

(1) 回表

对二级索引中查询到的每个主键，都需要回到聚集索引中再查询数据行，比如开发人员经常使用的 SELECT* 就经常会回表。

当使用辅助索引无法直接找到需要的列时，需要通过辅助索引查询所有字段，即先进行辅助索引，然后进行聚集索引，扫描两遍索引树，先定位主键值，再定位行记录，我们把这种 InnoDB 存储引擎中非聚集索引独有的操作称为回表。

这里创建一个 test_table，对回表与索引覆盖操作进行解释。在 MySQL 中可以使用 EXPLAIN 命令来查看执行命令是否使用索引，创建的 test_table 内容如下：

```
1. CREATE TABLE IF NOT EXISTS test_table (
2.   primary_key int(11) NOT NULL,
3.   secondary_key int(11) DEFAULT NULL,
4.   other_key int(11) DEFAULT NULL,
5.   PRIMARY KEY (primary_key),
6.   KEY SECONDARY (secondary_key));
```

使用 EXPLAIN 命令查看所有的列,在 Extra 列中可以看到"Using index condition",这代表着从行中获取所有列,使用了回表。图 5-3 展示了查询回表使用情况。

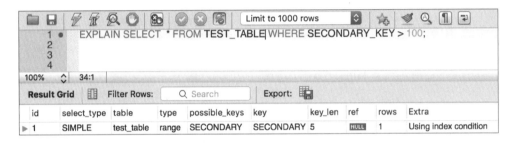

图 5-3　查询回表使用情况

回表中的特殊情况:当 SELECT* 导致业务覆盖不到索引,优化器决策后很可能就不走辅助索引了,因为如果辅助索引上使用的键(key)过多,那么随机回表运行效率太低,此时用聚集索引会更高效。这种现象经常出现在范围查询或连接(JOIN)等操作上,由于现有大多数磁盘都是固态硬盘,随机读取不会降低效率,所以又可以用 FORCE INDEX 操作强制优化器走辅助索引。可以通过以下辅助索引语句实现:

```
1. SELECT /* + index(table_name index_name) * / col1, col2 FROM table_name;[4]
2. SELECT *  FROM table_name FORCE INDEX (index_name) WHERE …;[5]
```

(2)索引覆盖

索引覆盖指从辅助索引就可以得到查询结果,不需要"回"到聚集索引中查询;辅助索引可能是等值查询、范围查询或者全索引扫描。

当使用辅助索引可以直接找到需要的列时,即通过读取索引就可以得到想要的数据,索引包含了满足查询结果的数据就成为索引覆盖,如图 5-4 所示。

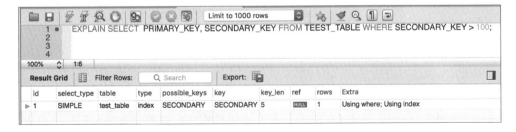

图 5-4　索引覆盖

在 test_table 中使用 EXPLAIN 命令进行查询,只查询主键(primary_key)和次键(secondary_key),可以在 Extra 列中看到结果为"Using index",这代表只从索引中获取了值。

为提高索引覆盖,可以使用组合索引,遵循"最左前缀"原则,如果 where 查询条件中没有索引(index)中最左的筛选条件(如下例中的 GCZBS),那么 MySQL 默认为不希望通过索引查询(范围查询中 between...and 能实现索引覆盖,但>或<无法实现索引覆盖)。

```
1. ALTER TABLE T ADD INDEX IDX(GCZBS, GCRQ, HOUR, MINUTE, CDH);
```

● 复合索引(Composite Index)

复合索引实质上仍然是一个 B+树,每个节点是几个字段值拼接起来的元组。B+树是一种平衡树结构,常用于数据库和文件系统中。它的每个节点可以有多个子节点,叶子节点存储实际数据,并且所有叶子节点通过链表相连。非叶子节点只存储索引信息,帮助快速查找数据。比如复合索引(a,b)的 B+树上,对(a)列是有序的,对(a,b)组合列也是有序的,但是对(b)列却不一定是有序的,对其叶子节点上带的 P 主键列也是无序的。

还有其他优化方案如多范围读取 MRR(Multi-Range Read Optimization),通过把随机磁盘读取转化为顺序磁盘读取,从而提高了索引查询的性能,将二级索引上查询出来的主键排序之后再回表。假设通过辅助索引,根据一些过滤条件得到 50 万行,此时还需要回表 50 万次,50 万×3 次=150 万次 I/O,而且因为回表时主键是无序的,所以是随机 I/O。

5.1.3 查询优化

当在 MySQL 数据库中执行查询时,查询优化是最重要的性能优化策略之一,因为查询通常是访问数据库的最常见方式[4]。优化查询语句,如避免使用 SELECT* 语句,只选择所需的列;避免使用子查询,使用 JOIN 查询。下面为一些常见的查询优化手段,建议在查询过程中合理运用:

(1)避免使用 SELECT*:在查询中只选择所需的列,而不是使用 SELECT*,可以大大提高查询效率。

(2)避免全表扫描:全表扫描是最慢的查询方法之一,应尽可能避免。为此,请使用 WHERE 语句限制查询结果的行数。

(3)选择正确的数据类型:选择正确的数据类型可以提高查询效率。例如,在执行字符串匹配查询时,使用 VARCHAR 数据类型通常比使用 CHAR 数据类型更有效[5]。

使用 VARCHAR 代替 CHAR 的理由有以下几点:

① VARCHAR 变长字段按数据内容实际长度存储,存储空间小,可以节省存储空间。

② CHAR 按声明大小存储，不足补空格。

③ 对于查询来说，在一个相对较小的字段内搜索，效率更高。

下面列出一些具体使用技巧：

① 能用数字类型，就不用字符串，因为字符的处理往往比数字要慢。

② 尽可能使用小的类型，比如：用 BIT 存布尔值，用 TINYINT 存枚举值等。

③ 长度固定的字符串字段，用 CHAR 类型。

④ 长度可变的字符串字段，用 VARCHAR 类型。

⑤ 金额字段用 DECIMAL，避免精度丢失问题。

⑥ 避免排序，在查询中使用 ORDER BY 操作符会导致性能下降。如果可能的话，请避免使用 ORDER BY 操作。如果一定要使用 GROUP BY 语句，可以对 GROUP BY 语句进行优化。默认情况下，MySQL 会对 GROUP BY 分组的所有值进行排序，如"GROUP BY col1, col2, …;"查询的方法如同在查询中指定"ORDER BY col1, col2, …;"如果显式包括一个包含相同的列的 ORDER BY 子句，MySQL 可以毫不减速地对它进行优化，尽管仍然进行排序。因此，如果查询包括 GROUP BY 但并不想对分组的值进行排序，读者可以通过指定 ORDER BY NULL 禁止排序。

5.1.4 架构优化

一般来说在高并发的场景下对架构层进行优化的效果最为明显，常见的优化手段有分布式缓存、读写分离、分库分表等，每种优化手段又适用于不同的应用场景。本节分别介绍这些优化手段。

● **分布式缓存**

分布式缓存是指将缓存数据分散存储在多台服务器中，通过分布式协调机制实现缓存数据的一致性和高可用性的一种缓存技术。分布式缓存可以通过缓存共享和分布式缓存架构等方式提高应用程序可伸缩性等性能，适用于高并发、高负载的场景。

在分布式缓存中，每个缓存节点都存储部分数据，并通过缓存协调器进行协调和管理。当缓存数据被修改时，协调器可以通知其他缓存节点进行缓存更新，以保证缓存数据的一致性。常见的分布式缓存技术包括 Redis、Memcached、Hazelcast 等。

分布式缓存相比于单机缓存具有更好的可扩展性和容错性，但也带来了一些挑战，如缓存一致性、负载均衡、缓存预热、缓存失效等问题需要特别关注。因此，在使用分布式缓存时需要合理设计缓存架构，选取合适的缓存技术，并且进行缓存监控和管理，以保证缓存系统的稳定性和可靠性。

● **读写分离**

MySQL 中的读写分离是指将数据库的读操作和写操作分别分配到不同的 MySQL 服务器上进行处理的一种技术。将读操作和写操作分离到不同的 MySQL 服务器上，可以有效地提高系统的并发性和可用性。

一般来说,写操作是对数据库中数据进行修改、添加、删除等操作,这些操作会对数据库的一致性产生影响,因此需要使用主服务器进行处理。而读操作通常只是查询数据,不会对数据库的一致性产生影响,因此可以使用从服务器进行处理。

在 MySQL 的读写分离中,主服务器负责写操作,从服务器负责读操作。主服务器将写操作复制,同步到从服务器上。从服务器只负责读操作,通过读取主服务器复制的数据,保证数据的一致性。读写分离可以有效地提高 MySQL 可用性等性能。通过使用读写分离,可以将读请求分散到多个从服务器上,减少主服务器的负载,提高系统的并发能力。同时,当主服务器出现故障时,从服务器可以接替主服务器的工作,保证系统的可用性。

需要注意的是,读写分离并不是 MySQL 的原生功能,需要使用一些第三方工具和中间件实现,如 MySQL Proxy、MaxScale 等。此外,在使用读写分离时,需要注意主从服务器之间的数据一致性和同步问题,避免数据丢失和不一致问题。

- 分库分表

MySQL 中的分库分表是指将一个大的数据库拆分成多个小的数据库(分库),或者将一个大表拆分成多个小表(分表),以解决单一数据库或表的性能瓶颈的一种技术。

在分库分表的设计中,常见的分库策略有垂直分库和水平分库两种方式。垂直分库是将不同的表按照其数据的重要性、访问频率、存储需求等进行分类,然后将这些表分散到不同的数据库中,以减少单个数据库的负载和提高系统的性能。水平分库则是将一个表按照某种规则(如 ID 值的范围、时间等)进行划分,然后将不同的数据分散到不同的数据库中,以实现分布式存储和查询。

对于分表的设计,通常是将一个大的表按照某种规则(如 ID 值的范围、时间等)进行划分,然后将不同的数据分散到不同的表中,以减少单个表的负载和提高系统的性能。分库分表的设计需要考虑应用的实际情况进行设计,包括数据量、访问量、查询效率、数据一致性、扩展性等方面。在设计分库分表时,需要考虑如何保证数据的一致性和正确性,如何进行跨节点的查询和事务处理,如何进行扩展和动态迁移等问题。同时,需要使用一些分布式数据库的工具和框架来协调分库分表的操作,如分库分表中间件、分布式事务协议等。

5.1.5 SQL 优化

SQL 优化是通过给查询字段添加索引或者改写 SQL 提高其执行效率,一般而言,SQL 编写有几个通用的技巧,本节进行梳理介绍。这些技巧一般适用于数据量较大的场景,如果数据量比较小,可以不使用这些技巧。

- 使用索引优化

(1) 避免在字段开头模糊查询,否则会导致数据库引擎放弃索引进行全表扫描。

(2) 避免使用 IN 和 NOT IN,否则会导致引擎进行全表扫描。

(3) 避免使用 OR,否则会导致数据库引擎放弃索引进行全表扫描。

(4) 避免进行 NULL 值的判断,否则会导致数据库引擎放弃索引进行全表扫描。

(5) 避免在 WHERE 条件中等号的左侧进行表达式、函数操作,否则会导致数据库引擎放弃索引进行全表扫描。

(6) 当数据量大时,避免使用 WHERE 1=1 的条件。通常为了方便拼装查询条件,会默认使用该条件,这样数据库引擎会放弃索引进行全表扫描。

- **SELECT 语句优化**

(1) 避免出现不确定结果的函数

特别针对主从复制这类业务场景。由于原理上从库复制的是主库执行的语句,使用如 NOW()、RAND()、SYSDATE()、CURRENT_user() 等不确定结果的函数很容易导致主库与从库相应的数据不一致。另外不确定值的函数,产生的 SQL 语句无法利用查询缓存。

(2) 多表查询时关注表的大小

在 MySQL 中,执行 FROM 后的表查询是从左往右执行的(Oracle 相反),第一张表会涉及全表扫描,所以将小表放在前面,先扫小表,扫描效率较高,再扫描后面的大表,或许只扫描大表的前 100 行就符合返回条件并返回了。

(3) 使用表的别名

当在 SQL 语句中连接多个表时,请使用表的别名并把别名前缀于每个列名上。这样就可以减少解析的时间并减少那些由列名歧义引起的语法错误。

(4) 用 WHERE 子句替换 HAVING 子句

避免使用 HAVING 子句,因为 HAVING 只会在检索出所有记录之后才对结果集进行过滤,而 WHERE 则是在聚合前刷选记录,如果能通过 WHERE 子句限制记录的数目,就能减少这方面的开销。HAVING 中的条件一般用于聚合函数的过滤,除此之外,应该将条件写在 WHERE 子句中。

(5) 调整 WHERE 子句中的连接顺序

MySQL 采用从左往右、自上而下的顺序解析 WHERE 子句。根据这个原理,应将过滤数据多的条件往前放,以最快速度缩小结果集。

- **其他语句优化**

在具体编写 SQL 语句时,还有其他一些方法与技巧,能够优化运行效率。

(1) 正确使用 Hint 优化语句

MySQL 中可以使用 Hint 指定优化器在执行时选择或忽略特定的索引。一般而言,由版本变更带来的表结构索引变化,更建议避免使用 Hint,而是通过分析表(Analyze Table)收集统计信息。但在特定场合下,指定 Hint 可以排除其他索引干扰而指定更优的执行计划。

USE INDEX：在查询语句中表名的后面，添加 USE INDEX 来提供希望 MySQL 去参考的索引列表，就可以让 MySQL 不再考虑其他可用的索引。

```
1. SELECT col1 FROM table USE INDEX (mod_time, name)...
```

IGNORE INDEX：如果只是单纯地想让 MySQL 忽略一个或者多个索引，可以使用 IGNORE INDEX 作为 Hint。

```
1. SELECT col1 FROM table IGNORE INDEX (priority) ...
```

FORCE INDEX：为强制 MySQL 使用一个特定的索引，可在查询中使用 FORCE INDEX 作为 Hint。

```
1. SELECT col1 FROM table FORCE INDEX (priority) ...
```

在查询的时候，数据库系统会自动分析查询语句，并选择一个最合适的索引。但是很多时候，数据库系统的查询优化器并不一定总是能使用最优索引。如果知道如何选择索引，可以使用 FORCE INDEX 强制查询使用指定的索引。

（2）JOIN 语句优化

MySQL 中可以通过子查询来使用 SELECT 语句去创建一个单列的查询结果，然后把这个结果作为过滤条件用在另一个查询中。使用子查询可以一次性完成很多逻辑上需要多个步骤才能完成的 SQL 操作，同时也可以避免事务或者表锁死，并且写起来也很容易。但是，有些情况下，子查询可以被更有效率的连接（JOIN）替代。

（3）UNION 查询优化

MySQL 通过创建并填充临时表的方式来执行 UNION 查询。除非确实要消除重复的行，否则建议使用 UNION ALL。原因在于如果没有 ALL 这个关键词，MySQL 会给临时表加上 DISTINCT 选项，这会导致对整个临时表的数据做唯一性校验，这样做的消耗相当高。

（4）使用 TRUNCATE 操作代替 DELETE 操作

当删除全表中记录时，使用 DELETE 语句的操作会被记录到 UNDO 数据块中，删除记录也会产生二进制日志（binlog），当确认需要删除全表时，会产生大量的 binlog 并占用大量的 UNDO 数据块，此时既没有很高的效率也占用了大量的资源。

使用 TRUNCATE 操作替代，不会记录可恢复的信息，数据不能被恢复。因此使用 TRUNCATE 操作有极少的资源占用与极短的时间。另外，使用 TRUNCATE 操作可以回收表的水位，使自增字段值归零。

5.2 进阶 SQL 语法在大数据管理中的应用

为了更好地管理数据库，提高其性能，并按照最佳实践处理和优化交通大数据，本节介绍一些进阶的 SQL 语法及其使用方法。

5.2.1 CASE WHEN

CASE WHEN 语句在 SQL 中用于实现条件逻辑,类似于编程中的 if-else 语句。它允许你在查询结果中动态地展示不同的值。使用 case when 可以减少在应用层处理数据的需求,从而减轻服务器负担,提高查询效率。

```
1. # 根据交通信号灯状态显示不同的行为建议
2. SELECT intersection_id,
3.     CASE
4.         WHEN light = 'green' THEN '继续行驶'
5.         WHEN light = 'yellow' THEN '减速'
6.         WHEN light = 'red' THEN '停车'
7.         ELSE '检查信号灯状态'
8.     END AS action_advice
9. FROM traffic_signals;
```

5.2.2 WITH AS

WITH AS 语句定义一个或多个临时的结果集,被称为公用表表达式(Common Table Expression,CTE)。它用于简化复杂的查询,尤其是在执行多步骤操作或递归查询时。它将复杂逻辑分解为更简单、模块化的部分,以提高查询的可读性和可维护性,同时也有助于优化查询计划。

```
1. # 分析每个时间段的交通流量
2. WITH TrafficVolume AS (
3.     SELECT hour, COUNT(*) AS vehicle_count
4.     FROM traffic_data
5.     GROUP BY hour
6. )
7. SELECT hour, vehicle_count
8. FROM TrafficVolume
9. ORDER BY hour;        # 定义临时表
```

5.2.3 GROUP BY ROLLUP

GROUP BY 用于根据一个或多个列的值对结果集进行分组,常用于聚合数据。该过程需要选择字段作为聚合维度后,然后通过聚合函数得到汇总值。ROLLUP 是 GROUP BY 的一个扩展,用于生成多级汇总信息,这对于制作报表特别有用。rollup 选项允许包含表示小计的额外行,通常称为超级聚合行,以及总计行。合理使用这些语句可以有效地减少数据传输量,提高查询速度。

分组是一个相对耗时的操作,可以先通过 WHERE 缩小数据的范围之后再分组;也可以将分组拆分,如果是大表多维度分组,可以使用 with as 语法先计算一部分数据得到临时表,然后利用临时表进行计算,这样 SQL 也可以简化。

```
1. # 计算每条道路及整体的平均车速
2. SELECT road_id, AVG(speed) AS average_speed
3. FROM vehicle_speeds
4. GROUP BY ROLLUP(road_id);
```

5.2.4 UNION/UNION ALL/INTERSECT/EXCEPT

这些集合操作符用于组合两个或多个查询结果。UNION 用于合并结果集并移除重复行,而 UNION ALL 则保留重复行,通常性能更好。INTERSECT 和 EXCEPT 分别用于找到两个结果集的交集和差集。合理使用这些操作符可以有效地实现数据的比较和合并,有助于提高数据处理的效率。

```
1. # 列出昨天和今天都有交通违规的车辆
2. SELECT vehicle_id FROM traffic_violations WHERE date = CURRENT_DATE
3. INTERSECT
4. SELECT vehicle_id FROM traffic_violations WHERE date = CURRENT_DATE - INTERVAL
   '1 DAY';
```

5.2.5 LIMIT

LIMIT 语句用于限制 SQL 查询返回的记录数,这在处理大量数据时非常有用,可以显著提高查询响应速度和减少内存消耗。

```
1. # 查询今日记录的最高车速的前 10 条数据
2. SELECT vehicle_id, speed
3. FROM vehicle_speeds
4. WHERE date = CURRENT_DATE
5. ORDER BY speed DESC
6. LIMIT 10;
```

5.2.6 IN/NOT IN/EXISTS/NOT EXISTS/BETWEEN

这些谓词用于筛选满足特定条件的行。它们可以有效地缩小查询范围,提高查询速度。特别是 EXISTS 和 NOT EXISTS,它们可以优化子查询的性能,因为其功能是一旦满足条件即停止查询,避免了不必要的全表扫描。

(1) IN/NOT IN:存在或不存在。

（2）EXISTS/NOT EXISTS：强调的是是否返回结果集。

（3）EXISTS：用于检查子查询是否至少会返回一行数据，该子查询实际上并不返回任何数据，而是返回值"Ture"或"False"；exists 指定一个子查询，检测行的存在。

（4）IN/EXISTS：IN 是把外表和内表作哈希（hash）连接，而 EXISTS 是对外表作循环（loop），每次循环后再对内表进行查询。如果查询语句使用了 NOT IN，那么内外表都进行全表扫描，没有用到索引；而 NOT EXISTS 的子查询依然能用到表上的索引；所以无论哪个表大，用 NOT EXISTS 都比 NOT IN 要快。

```
1. # 查询在特定时间段内进入某个重要路口的所有车辆
2. SELECT vehicle_id, timestamp
3. FROM traffic_logs
4. WHERE intersection_id = '101'
5.    AND timestamp BETWEEN '2023-04-01 08:00:00' AND '2023-04-01 10:00:00';
6. # 查找没有任何交通违规记录的车辆
7. SELECT vehicle_id
8. FROM registered_vehicles
9. WHERE NOT EXISTS (
10.    SELECT 1
11.    FROM traffic_violations
12.    WHERE registered_vehicles.vehicle_id = traffic_violations.vehicle_id
13. );
```

5.2.7　CROSS JOIN/FULL JOIN/INNER JOIN/RIGHT JOIN/LEFT JOIN/隐式连接

JOIN 操作是数据库查询中最核心的部分之一，用于合并两个或更多表的记录。不同类型的 JOIN 可以应用于不同的数据关联场景，恰当使用可以极大地提高数据处理的效率。例如，INNER JOIN 仅返回两个表中匹配的记录，而 LEFT JOIN 会返回左表的所有记录以及右表中匹配的记录。隐式连接（使用 WHERE 语句进行连接）和显式连接（使用 JOIN 关键字）在性能上通常没有显著差异，但显式连接的可读性更好。CROSS JOIN 则生成笛卡尔积，通常用于生成大量数据组合，如果条件恒成立（比如 1=1），该连接就是笛卡尔连接。所以，笛卡尔连接输出的记录条数等于被连接表的各记录条数的乘积。

（1）CROSS JOIN

```
1. # 生成车辆和交通违规类型的所有可能组合
2. SELECT v.vehicle_id, v.model, t.violation_type
3. FROM vehicles v
4. CROSS JOIN (SELECT DISTINCT violation_type FROM traffic_violations) t;
```

（2）FULL JOIN

```
1. # 列出所有车辆及所有违规记录，无论它们是否匹配
2. SELECT v.vehicle_id, v.model, t.violation_type, t.date
3. FROM vehicles v
4. FULL JOIN traffic_violations t ON v.vehicle_id = t.vehicle_id;
```

（3）INNER JOIN

```
1. # 查找记录了超速的车辆及其车主信息
2. SELECT v.vehicle_id, v.model, o.owner_name
3. FROM vehicles v
4. INNER JOIN vehicle_owners o ON v.owner_id = o.owner_id
5. INNER JOIN traffic_violations t ON v.vehicle_id = t.vehicle_id
6. WHERE t.violation_type = 'Speeding';
```

（4）RIGHT JOIN

```
1. # 列出所有违规记录及相关车辆的信息，即使某些违规记录没有对应的车辆信息
2. SELECT v.vehicle_id, v.model, t.violation_type, t.date
3. FROM vehicles v
4. RIGHT JOIN traffic_violations t ON v.vehicle_id = t.vehicle_id;
```

（5）LEFT JOIN

```
1. # 列出所有车辆及其可能的最近一次违规记录
2. SELECT v.vehicle_id, t.violation_type, t.date
3. FROM vehicles v
4. LEFT JOIN traffic_violations t ON v.vehicle_id = t.vehicle_id
5. ORDER BY t.date DESC;
```

（6）隐式连接

```
1. # 使用 WHERE 子句实现 INNER JOIN 的效果，查找所有超速的车辆及其车主信息
2. SELECT v.vehicle_id, v.model, o.owner_name
3. FROM vehicles v, vehicle_owners o, traffic_violations t
4. WHERE v.owner_id = o.owner_id AND v.vehicle_id = t.vehicle_id AND t.violation_type = 'Speeding';
```

5.3　Hive SQL

除 MySQL 以外，还有其他的 SQL 语言，即 Hive SQL。几类 SQL 语言之间的区别较小，适用于不同的场景，具有不同的优缺点。Hive 操作的数据规模较大，单机无法存

储,所以数据文件位于分布式文件系统 HDFS 中。针对包含大规模的非结构化数据与半结构化数据的交通大数据,可以使用 Hive SQL。

5.3.1 Hive 基本介绍

Hive 是基于 Hadoop 的一个数据仓库工具,可以将结构化的文件映射为一张表,并提供类 SQL 查询功能。SQL 解析引擎,将 SQL 转译成 map/reduce job,然后在 Hadoop 执行,相当于 Hadoop 的客户端工具。Hive 的表可以理解为 HDFS 的目录,按照表名分开文件夹,就是分区表,分区值就是子文件夹,可以直接在 map/reduce job 里面使用。Hive 数据存储格式有 TextFile、SequenceFile、Avro、RcFile、OrcFile、Parquet 几种,这里主要介绍 Parquet。

Parquet 是一种开源的列式存储格式,旨在为 Hadoop 生态系统中的任何项目提供高效的数据压缩和编码方案。它特别适用于对存储系统如 HDFS 进行高效的列式数据分析,因此被广泛应用于大数据处理场景,尤其是与 Hadoop、Spark 等大数据技术栈配合使用。Parquet 格式优化了复杂数据处理,能够提供更高效的数据压缩率和查询性能,尤其对于分析型工作负载。

Parquet 的关键特性有如下几点:

(1) 列式存储:与传统的行式存储(如 TextFile)相比,列式存储格式(如 Parquet)将同一列的数据存储在一起,这样可以更高效地进行数据压缩和编码,特别是对于数值型数据。此外,列式存储使得在只需要访问表的少数几列而非全部列的查询操作中,I/O 操作大大减少,因而查询性能显著提升。

(2) 高效的数据压缩和编码:Parquet 利用了数据的列式存储特性,通过对每一列数据应用最适合的压缩算法和编码方式,最大化地减少了存储空间的需求,同时也优化了查询性能。

(3) 支持复杂的嵌套数据结构:Parquet 格式支持复杂的嵌套数据结构,使其非常适用于存储和查询 JSON、Avro 以及其他非结构化或半结构化数据。

(4) 较强的兼容性:Parquet 支持多种数据处理工具,包括 Apache Hadoop、Apache Spark 和 Apache Impala 等,提供了灵活的兼容性选项,使得用户可以轻松地在不同的数据处理工具之间迁移和查询数据。

(5) 优化的读取性能:Parquet 格式文件内部包含丰富的元数据信息,可以允许执行引擎(如 Spark 和 Impala)使用谓词下推(Predicate Pushdown)等高级优化技术,进一步提高了查询效率。

5.3.2 Hive 的特点

Hive 与传统 SQL 数据库在设计理念、性能特点,以及操作方式上有着根本的区别,这些差异直接影响了它们在实际应用中的适用场景。Hive 是建立在 Hadoop 生态系统之上的数据仓库工具,旨在通过提供类似 SQL 的查询语言,简化对大规模数据集的处理和分析。这种设计使得具备 SQL 知识的用户能够无缝过渡到大数据处理领域,但 Hive 的使用场景主要还是集中在数据分析和批处理上。

由于 Hive 的设计重点是优化大数据集的批量处理,而非实时事务处理,因此它在查询性能和延迟方面与传统 SQL 数据库存在明显差异。Hive 的查询通常具有较高的延迟,这是因为它运行在分布式计算系统 Hadoop 之上,更适合执行复杂的数据分析任务而不是响应实时查询。这与传统的关系数据库管理系统(RDBMS)形成对比,后者通常为在线事务处理(Online Transaction Processing,OLTP)设计,支持高并发访问和快速响应,以满足实时数据处理的需求。

进一步讲,Hive 在事务支持方面也与传统 SQL 数据库大相径庭。早期的 Hive 版本几乎不支持事务处理,虽然最新的版本已经引入了限制性的事务功能,但相比于传统数据库的全面事务支持,包括原子性、一致性、隔离性和持久性,Hive 的事务处理能力还是较为有限。这说明 Hive 更倾向于处理大批量的数据,而非细粒度的事务操作。

关于数据的更新和删除操作,Hive 的处理方式也有其特点。在 Hive 中,数据一度被视为不可变的,仅最近 Hive 才开始支持更新和删除操作,而且这些操作的效率并不高,不适合频繁进行。这与传统 SQL 数据库不同,后者支持高效的数据插入、更新和删除操作,这些操作是日常事务处理不可或缺的一部分。从存储管理角度看,Hive 利用 Hadoop 生态系统的能力,将数据存储在分布式文件系统 HDFS 之上,这种方式天然适合大规模数据处理。而传统 SQL 数据库则采用专门设计的存储引擎,如 MySQL 的 InnoDB、MyISAM 等,它们提供了更为复杂的数据索引机制和优化的查询性能,以适应更广泛的数据管理需求。

5.3.3　Hive 中的内部表与外部表

在 Hive 中,表可以被分类为内部表(也称为管理表)和外部表,这两种表的主要区别在于它们对数据的管理方式和使用场景。

内部表是 Hive 管理的表,在创建内部表时,Hive 拥有数据文件的所有权。这意味着,当你删除一个内部表时,Hive 不仅会删除表的元数据(即表的结构信息),还会删除存储在 HDFS 上的实际数据文件。因此,内部表适用于那些完全由 Hive 管理的数据。使用内部表的一个关键好处是,它可以确保数据的一致性和完整性,因为所有的数据操作都是通过 Hive 进行的。当数据仅被 Hive 查询和处理时,使用内部表是一个很好的选择。

外部表允许 Hive 访问存储在 HDFS 或其他兼容文件系统上的数据,而不对数据文件拥有所有权。这意味着,当你删除一个外部表时,Hive 仅删除表的元数据,而数据文件保持不变。外部表特别适用于需要在多个应用程序之间共享数据的场景。由于数据文件不会随表的删除而被删除,外部表提供了一种更灵活的数据管理方式,允许在不影响原始数据的情况下进行结构化查询。使用外部表是处理和分析存储在 HDFS 上由其他应用程序产生或管理的数据的理想选择。

选择使用内部表还是外部表,主要取决于数据的管理需求和使用场景:当数据仅在 Hive 内部使用,且不需要与外部系统共享时,使用内部表比较合适。这样可以简化数据管理,因为删除表会连同数据文件一起删除,避免了数据的遗留。当数据需要被 Hive 以外的应用程序访问或管理时,使用外部表更为合适。这种方式使得数据可以在不同的处理平台之间共享,而不会因为在 Hive 中的操作而影响原始数据。

```
1. CREATE EXTERNAL TABLE IF NOT EXISTS test (
2.     'quota'          STRING COMMENT '',
3.     'package'        INT    COMMENT '',
4.     'all_sys'        INT    COMMENT ''
5. ) COMMENT 'test'
6. PARTITIONED BY (timeline STRING COMMENT '时间分区')
7. STORED AS PARQUET;
```

在删除内部表的时候,Hive 会把属于表的元数据和数据全部删掉;而删除外部表的时候,Hive 仅仅删除外部表的元数据,数据文件是不会删除的,也就是说,外部表的数据其实不是 Hive 自己管理的。

5.3.4　Hive 的基本操作

本节将介绍一些 Hive 的基本操作,包括数据定义、数据操作、数据查询和查询优化技巧,帮助读者有效管理和分析存储在 Hadoop 系统中的大量数据。

● **数据定义**

(1) 创建表:在 Hive 中创建表是为了在 Hadoop 系统中存储和管理数据的第一步。用户可以定义各种数据类型的列,并指定数据的存储格式及路径。

```
1. CREATE TABLE IF NOT EXISTS traffic_logs (
2.     datestamp STRING,
3.     vehicle_id STRING,
4.     speed INT,
5.     location STRING
6. )
7. ROW FORMAT DELIMITED
8. FIELDS TERMINATED BY ','
9. STORED AS TEXTFILE;
```

(2) 查看表结构:查看表结构对于理解现有数据模型的构建非常关键,可以通过简单的命令查看表的列定义、数据类型以及表的其他属性。

```
1. DESCRIBE traffic_logs;
```

（3）修改表：随着业务发展和需求变化，可能需要对表结构进行修改，如添加新的列或者改变列的类型等，Hive 提供了灵活的表结构调整功能。

```
1. ALTER TABLE traffic_logs ADD COLUMNS (owner_id STRING);
```

● 数据操作

（1）加载数据：加载数据是将外部数据源中的数据导入 Hive 表中的过程。这个操作对于数据分析至关重要，可以从本地或者是分布式文件系统（如 HDFS）中加载数据。

```
1. LOAD DATA LOCAL INPATH '/path/to/data.csv' INTO TABLE traffic_logs;
```

（2）插入查询结果：这项操作允许用户将查询结果直接插入另一个 Hive 表中，从而支持更复杂的数据处理流程和数据派生表的创建。

```
1. INSERT INTO TABLE high_speed_logs
2. SELECT * FROM traffic_logs WHERE speed > 100;
```

● 数据查询

（1）基本查询：Hive 支持基本的 SQL 查询，包括选择、过滤和排序等操作，使得用户可以轻松检索和查看数据。

```
1. SELECT * FROM traffic_logs WHERE speed >= 80;
```

（2）聚合查询：通过聚合函数对数据进行汇总，如计算平均值、总和、最大值和最小值等，这对于数据分析尤为重要，能够提供业务洞察。

```
1. SELECT location, AVG(speed) AS avg_speed FROM traffic_logs GROUP BY location;
```

（3）连接查询：Hive 支持多种类型的连接操作，包括内连接、左连接、右连接等，这允许用户从多个表中联合查询数据，以获得更加全面的数据视图。

```
1. SELECT t.* , o.owner_name
2. FROM traffic_logs t
3. JOIN vehicle_owners o ON t.vehicle_id = o.vehicle_id
4. WHERE t.speed >= 80;
```

● 查询优化技巧

（1）分区：对表进行分区，可以显著提高查询性能。分区是按照某个或某些特定的列的值来存储表中的数据，查询时只扫描相关的分区，从而减少数据的读取量。

```
1. CREATE TABLE traffic_logs_partitioned (
2.     vehicle_id STRING,
3.     speed INT,
4.     location STRING
5. )
```

```
6. PARTITIONED BY (datestamp STRING)
7. STORED AS ORC;
```

（2）索引：创建索引可以提高特定查询的响应速度，尤其是在大数据集中寻找少数行的情况下。索引存储了数据表中一列或多列的值及其对应的存储位置。

```
1. CREATE INDEX idx_speed ON TABLE traffic_logs (speed) AS 'COMPACT' WITH DEFERRED
   REBUILD;
```

（3）分桶（bucketing）：分桶是另一种数据组织方式，它将数据分散到多个桶中，桶内数据基于哈希函数进行排序。这在执行连接或聚合操作时可以提升性能，因为相关的数据已经在相同的桶中。

```
1. CREATE TABLE traffic_logs_bucketed (
2.     vehicle_id STRING,
3.     speed INT,
4.     location STRING
5. )
6. CLUSTERED BY (vehicle_id) INTO 32 BUCKETS
7. STORED AS ORC;
```

5.3.5　Hive 内置函数

Hive 内置函数主要有以下几种，这里进行详细介绍：

（1）取值函数和变换函数

这类函数主要用于数据的获取和转换，它们可以对数据行进行操作，实现数据类型的转换或特定的数据结构操作，包括取整函数 ROUND()、绝对值函数 ABS()、向上取整函数 CEIL()、正弦函数 SIN()、余弦函数 COS()、开平方函数 SQRT() 等常用函数。

```
1. # 使用 COALESCE() 函数从速度和默认速度中选出第一个非空值
2. SELECT vehicle_id, COALESCE(speed, 60) AS effective_speed
3. FROM traffic_logs
4. WHERE vehicle_id = 'VH001';
5. # 使用 NVL() 函数替换空的停车位置为 '未知'
6. SELECT vehicle_id, NVL(parking_spot, '未知') AS parking_spot
7. FROM parking_records;
```

（2）日期函数

日期函数处理日期和时间类型的数据，非常适合执行日期计算和格式化。

```
1. # 获取当前日期并格式化为 'yyyy-MM-dd'
2. SELECT FROM_UNIXTIME(UNIX_TIMESTAMP(), 'yyyy-MM-dd') AS today;
```

```
3. # 将事件记录的字符串时间戳转换为日期类型
4. SELECT event_id, TO_DATE(from_unixtime(unix_timestamp(event_time, 'dd/MM/yyyy'))) AS event_date
5. FROM traffic_events;
6. # 计算某车辆自上次维护以来的天数
7. SELECT vehicle_id, DATEDIFF(CURRENT_DATE, last_maintenance_date) AS days_since_maintenance
8. FROM maintenance_records;
```

（3）随机数函数与判断语句

这些函数包括生成随机数的函数以及多种逻辑判断语句，用于数据分析和数据集的随机抽样。

```
1. # 为交通调查随机抽取样本
2. SELECT vehicle_id FROM traffic_logs
3. WHERE RAND() < 0.01;
4. # 判断车速是否超过限速
5. SELECT vehicle_id, speed,
6.        CASE WHEN speed > speed_limit THEN 'Over Limit'
7.             ELSE 'Within Limit'
8.        END AS speed_status
9. FROM speed_monitoring;
```

（4）字符串函数

字符串函数对字符串数据进行操作，包括字符串的连接、替换、截取等，非常适用于数据清洗和预处理。

```
1. # 将车牌号转换为大写
2. SELECT vehicle_id, UPPER(license_plate) AS license_plate_upper
3. FROM vehicle_registry;
4. # 从完整的地点描述中提取第一个单词作为地点简称
5. SELECT location, SPLIT(location, ' ')[0] AS short_location
6. FROM accident_reports;
7. # 替换地址中的缩写
8. SELECT REPLACE(address, 'St', 'Street') AS full_address
9. FROM accident_reports;
```

（5）统计函数

统计函数用于进行数据集的描述性分析，如计算平均值、方差等，对于数据探索和推断统计分析非常有用。

```
1. # 计算各个路段的平均车速
2. SELECT road_section, AVG(speed) AS average_speed
3. FROM traffic_speeds
4. GROUP BY road_section;
5. # 计算交通事故发生的月份的方差
6. SELECT month, STDDEV_POP(number_of_accidents) AS accident_variance
7. FROM monthly_accident_statistics
8. GROUP BY month;
9. # 计算不同类型的车辆的数量
10. SELECT vehicle_type, COUNT(DISTINCT vehicle_id) AS type_count
11. FROM vehicle_registry
12. GROUP BY vehicle_type;
```

（6）concat()函数

concat()函数用于将多个字符串字段连接成一个字符串。

```
1. # 将街道名和城市名连接起来,形成完整的地址
2. SELECT concat(street, ', ', city) AS full_address
3. FROM traffic_incidents;
```

（7）collect 函数

collect_list()函数与 collect_set()函数将分组中的某列转为一个数组返回,不同的是 collect_list()不去重而 collect_set()去重,还可以利用 collect 函数来突破 GROUP BY 的限制,Hive 在 GROUP BY 查询的时候要求出现在 SELECT 后面的列都必须是出现在 GROUP BY 后面的,即 SELECT 列必须是作为分组依据的列。

```
1. # 收集同一天发生在同一地点的所有车辆 ID
2. SELECT event_date, event_location, collect_set(vehicle_id) AS vehicles
   _involved
3. FROM accident_reports
4. GROUP BY event_date, event_location;
```

（8）lateral view()函数与 explode()函数

explode()函数将 Hive 一行中复杂的 Array 或者 Map 结构拆分成多行。lateral view()函数用于和 split()、explode()等函数一起使用,它能够将一行数据拆成多行数据,并在此基础上可以对拆分后的数据进行聚合。

```
1. # 展开并显示每个事故报告中涉及的所有车辆
2. SELECT event_date, vehicle_id
3. FROM accident_reports
4. LATERAL VIEW explode(vehicles_involved) AS vehicle_id;
```

(9) 用户定义函数

该功能实质上是一个基础函数,其执行流程涵盖了在 Hive 中将代码转换为 MapReduce 程序,并随后执行 Java 方法。这一过程类似于在 MapReduce 的执行阶段加入一个插件,从而便于功能的扩展。用户定义函数(UDF)仅支持单一输入和输出的操作。若需实现多输入单输出的操作,则需使用用户定义的聚合函数(UDAF)。Hive 允许用户编写并在查询中使用自定义的 UDF 函数。

```
1. # 假设定义一个 UDF calculate_distance,用于计算两点间的距离
2. SELECT event_id, calculate_distance(start_point, end_point) AS distance
3. FROM traffic_events;
```

(10) 窗口函数

窗口函数执行数据的分区,为数据记录提供一个窗口进行聚合操作,如计算移动平均、总和等。

```
1. # 计算每个车辆的当前和前两条速度记录的平均值
2. SELECT vehicle_id, speed, AVG(speed) OVER (PARTITION BY vehicle_id ORDER BY record_time ROWS BETWEEN 2 PRECEDING AND CURRENT ROW) AS moving_avg_speed
3. FROM vehicle_speeds;
```

(11) 专用函数

专用函数包括 RANK()、DENSE_RANK()、ROW_NUMBER(),用于提供数据行的排序标记,非常适用于评级和排序分析。这三个函数的区别是分组排序后得到的虚拟 rank 列不同,实际上此函数可以为查出来的每一行增加 rank 序号,RANK()函数中得到的 rank 值可能会出现重复值,如果要取 1 条,需要使 SQL 查到的数据不重复,rank=1 不能保证仅取 1 条,除非使用的函数是 ROW_NUMBER():

```
1. # 为交通事故的严重程度进行排名
2. SELECT accident_id, severity,
3.        RANK() OVER (ORDER BY severity DESC) AS rank,
4.        DENSE_RANK() OVER (ORDER BY severity DESC) AS dense_rank,
5.        ROW_NUMBER() OVER (ORDER BY severity DESC) AS row_number
6. FROM accident_reports;
```

(12) 平均分组函数

平均分组函数用于将排序后的数据集分割成几个相等的部分,并为每个数据行分配一个组号,常用于分层抽样或分位数分析。

```
1. # 将一天内的交通流量记录分为四个时间段
2. SELECT record_time, vehicle_count,
3.        NTILE(4) OVER (ORDER BY record_time) AS time_quartile
```

```
4. FROM traffic_flow
5. WHERE date = '2023-04-20';
```

（13）错位函数

错位函数用于访问同一窗口内前一行或后一行的数据，非常适合进行时间序列数据分析。LAG()函数提供对当前行之前的给定物理偏移量的行的访问。LEAD()函数提供对当前行之后的给定物理偏移量的行的访问。这两个函数可以在一次查询中取出同一字段的前 n 行的数据和后 n 行的数据作为独立的列，从而更方便地进行数据过滤。

```
1. # 比较当前记录与前一条记录的车速差异
2. SELECT vehicle_id, speed,
3.        LAG(speed, 1) OVER (PARTITION BY vehicle_id ORDER BY record_time) AS previous_speed,
4.        LEAD(speed, 1) OVER (PARTITION BY vehicle_id ORDER BY record_time) AS next_speed
5. FROM vehicle_speeds;
```

（14）分组取最大最小函数

FIRST_VALUE()函数取分组内排序后截至当前行第一个值，LAST_VALUE()函数取分组内排序后截至当前行最后一个值，可以得到一列值中某字段上下其他行的字段值，和 LAG()、LEAD()函数有些近似。

```
1. # 观察每辆车每天的起始速度和结束速度
2. SELECT vehicle_id, date,
3.        FIRST_VALUE(speed) OVER (PARTITION BY vehicle_id, date ORDER BY record_time) AS start_speed,
4.        LAST_VALUE(speed) OVER (PARTITION BY vehicle_id, date ORDER BY record_time RANGE BETWEEN UNBOUNDED PRECEDING AND UNBOUNDED FOLLOWING) AS end_speed
5. FROM vehicle_speeds;
```

5.4 本章小结

本章介绍了数据库管理和简单优化的关键知识，这对于处理和分析交通大数据至关重要。通过深入了解 MySQL 数据库引擎、索引优化和其他相关技术，读者可以更轻松地管理数据，确保其完整性，并提高访问性能。

此外，本章还介绍了 SQL 语法和 Hive 等工具。这提供了更多的数据操作和分析选项，使读者能够以更有力的方式探索和应用交通大数据。这些技能不仅仅在数据库层面有所帮助，还将在交通大数据项目的各个方面发挥作用。

5.5 本章习题

1. 请简要解释什么是B+树。

2. 在非聚集索引中,叶子节点存储了完整的数据记录。以上说法是对还是错?

3. 在InnoDB存储引擎中,(　　)是聚集索引。
   A. 第一个非空列　　　　　　　　B. 主键
   C. 所有的UNIQUE列　　　　　　D. 所有的索引列

4. 简答题。

(1) 请解释什么是"回表"操作,并举例说明。

(2) 请比较InnoDB和MyISAM这两种MySQL存储引擎,并解释为什么InnoDB更适合事务处理。

(3) 请详细列举B+树作为数据库索引结构的优点,并解释每个优点为什么重要。

(4) 请解释范围查询和回表在数据库查询中的影响,并提供优化建议。

(5) 请解释什么是索引覆盖,为什么它能提高数据库查询性能。

(6) 请解释为什么数据结构(例如B+树)在数据库管理和优化中如此重要。

(7) 假设你有一个包含以下字段的用户表:id(主键)、username、email、age。请设计一个SQL查询,使用EXPLAIN命令来查看是否使用了索引。

5. 代码题。

(1) 写一个SQL语句,使用FORCE INDEX来强制MySQL使用age字段的索引。

(2) 请编写SQL代码来创建一个名为students的表,其中包含id(主键,自增)、name、age和grade字段。同时,请为name和age字段创建辅助索引。

(3) 假设有一个名为orders的表,其中包含字段order_id(主键)、product_id和customer_id。请编写一个SQL查询,找出哪些customer_id购买了多于1种不同product_id的产品。

(4) 假设有两个表:students(包含id和name字段)和grades(包含student_id和score字段)。请编写SQL查询,列出所有学生的名字和他们的最高分数,按分数降序排列。

(5) 假设有一个名为employees的表,包含字段id(主键)、name和salary。请编写一个SQL查询,找出薪水高于公司平均薪水的所有员工的名字。

(6) 假设有一个名为bank_accounts的表,包含字段id(主键)、account_holder和balance。请编写SQL代码,实现从ID为1的账户向ID为2的账户转账1 000单位的操作,并确保该操作是事务安全的。

5.6 参考文献

[1] 戴靓婕.MySQL数据库在自动测试系统中的应用研究[J].长江信息通信,2022,35(3):162-164.

[2] 金澈清,钱卫宁,周敏奇,等.数据管理系统评测基准:从传统数据库到新兴大数据[J].计算机学报,2015,38(1):18-34.

[3] 董纪英,燕志伟,梁正玉.SQLite、MySQL、PostgreSQL关系型数据库管理系统比较[J].电脑编程技巧与维护,2014(14):55-58.

[4] 李荣国,王见.MySQL数据库在自动测试系统中的应用[J].计算机应用,2011,31(S2):169-171,175.

[5] 陈庆涛.NET和分布式(网络)数据库集成技术支持下的WEB GIS系统研究与开发[D].成都:成都理工大学,2008.

第 6 章

分布式系统和 Hadoop

在交通大数据带来便利的同时,巨量数据积累也带来了巨大的数据存储和计算压力。以南京市的道路交通卡口为例,每日新增的数据量可达到 3 亿条。同时,交通的数字化与智慧化需要实时响应,要求较好的时效性和较高的计算效率。常见的交通感知任务中,交通状态识别、短时交通流预测、实时交通流控制、动态交通诱导和实时公交调度等均需要在一个较短的时间间隔内实现区域内所有道路路段的量化感知。因此,传统数据分析架构已经无法满足交通大数据高吞吐需求。

近些年兴起的基于分布式的计算架构,能有效利用计算机软硬件资源,大幅度提高交通大数据的存储和计算效率,因此能够快速处理大规模、复杂的交通数据集,是大数据时代交通领域数据分析的高效解决方案。本章与第 7 章介绍了分布式系统架构与两个典型的例子——Hadoop 与 Spark,并将前文所述的交通问题在 Spark 上进行复现,以展示分布式系统架构对多维度、大容量数据的强大适应能力。

6.1 分布式系统

本节将介绍分布式系统及其两个常用的实例。

6.1.1 分布式系统概述

近年来,伴随着移动互联互通技术的成熟,计算机之间的瞬时大容量通信也已逐步实现,相应的系统开发模式与技术架构都发生了较大的变革,分布式系统架构应运而生。区别于集中式系统,分布式系统通过计算机网络相互连接,把需要进行大量计算的工程数据分区切块,由多台并联计算机分别计算处理,通过特定通信机制归集各台设备处理结果,并最终输出结果,实现设备资源的共享和高效利用。

在理想通信情况下,分布式系统可以无限扩充设备。分布式系统在交通大数据计算方面,具备三大优势:第一,在对处理任务进行合理拆分的基础上,改变既有串行处理模式为并行处理,大幅提升存储与计算效率;第二,系统单点故障,对整体结果输出不造成较大影响,可靠性明显强于集中式系统;第三,分布式系统由相对廉价的通用计算和存储设备搭建,成本优势较为明显[1-2]。

6.1.2 分布式系统开源框架

分布式计算领域发展迅猛，其开源框架也较为多样。本书主要介绍两大主流开源框架 Hadoop 和 Spark。

● **Hadoop**

Hadoop 最早起源于开源网页爬虫项目 Nutch。Nutch 的设计目标是构建一个大型的全网搜索引擎，包括网页抓取、索引、查询等功能，但随着抓取网页数量的增加，遇到了严重的可扩展性问题——如何解决数十亿网页的存储和索引问题。2003 年到 2004 年期间，Google 发表的两篇论文为该问题提供了可行的解决方案。Google 的第一篇论文首次公开介绍其分布式文件系统 GFS(Google File System)，GFS 可用于处理海量网页的存储；第二篇论文介绍其分布式计算框架 MapReduce[1]，MapReduce 可用于处理海量网页的索引计算问题。受此启发，道格·卡廷(Doug Cutting)等人在 Nutch 上实现了分布式文件系统 NDFS(Nutch Distributed File System)和 MapReduce 机制，在 20 个节点上搭建了最初的 Hadoop 的框架。2006 年，Hadoop 成为 Apache 基金项目。雅虎(Yahoo)的网格计算团队在 2006 年采用 Hadoop，该团队在一年时间里将研究 Hadoop 集群的规模从 300 个节点增加到 600 个节点。2008 年 7 月，Hadoop 在 900 个计算节点上排序 1TB 数据的挑战中用时 209 秒，刷新了这一挑战的世界纪录[2]。

● **Spark**

与此同时，硬件产业的不断发展使得内存计算成为可能。2009 年，扎哈里亚(Zaharia)在加州大学伯克利分校的 AMPLab 实验室进行博士研究时创立了基于内存计算的 Spark 计算平台[3]。Spark 于 2010 年正式开源，2013 年成为 Apache 基金项目，随后一年便成为 Apache 基金的顶级项目。截至 2020 年 2 月，Spark 官网已经发布了 2.4.5 版本和 3.0 的预览版。它提供 MapReduce 的灵活性和可扩展性，但速度明显比 Hadoop 更快：当数据存储在内存中做计算时，它比 Hadoop 快 100 多倍[4]。Spark 官网显示，在对数概率回归问题上，Spark 运行工作负载的速度比 Hadoop 快 120 倍左右。Spark 像它的名字一样，以星火之势，迅速成为应用最广泛的大数据模块之一。目前，Spark 正在促使 Hadoop 和大数据生态系统发生演变，以更好地支持端到端的大数据分析需求。

学习 Hadoop、Spark，以及它们的各个内部构件不仅有助于改善大数据处理速度，还能帮助开发者和数据科学家更轻松地创建分析应用。

6.2 Hadoop 计算框架与主要模块

本节将介绍 Hadoop 生态系统及其主要模块，使读者了解 Hadoop 的工作原理。

6.2.1 Hadoop 生态系统

Hadoop 是一个用于大数据的架构解决方案。经过多年的开发演进，Hadoop 已成为一个庞大的系统，它的内部工作机制非常复杂，是一个结合了分布式理论与具体的工程开发实践的整体架构。而同时，Hadoop 是一个开源的分布式系统框架，用户无须完全掌握分布式系统底层细节，就可以直接进行分布式程序开发。它能较充分地利用计算机集群的性能优势，高效地进行计算和存储。

关于 Hadoop 分布式数据库的特点，主要可归纳为以下几个方面：

(1) 高扩展性：Hadoop 集群可以通过在集群中添加节点来扩展。

(2) 高效性：Hadoop 在 MapReduce 思想下并行工作；在 HDFS 中，数据分布在集群中并被映射，这有助于更快地检索。

(3) 高容错性：HDFS 具有通过网络复制数据的特性，因此，如果一个节点发生网络故障，那么 Hadoop 将获取数据的另一个副本并使用它。

Hadoop 生态系统如图 6-1 所示。

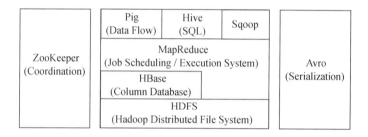

图 6-1　Hadoop 生态系统

Hadoop 生态系统由 HDFS、MapReduce、HBase、Hive、ZooKeeper 等组成。其中，最基础也是最重要的元素为 MapReduce 引擎，它利用 HDFS 来执行 MapReduce 程序。HDFS 是底层用于存储集群中所有存储节点文件的文件系统，以下是图 6-1 中各名词的具体介绍：

(1) Pig 是一个基于 Hadoop 的大规模数据分析平台，Pig 为复杂的海量数据并行计算提供了一个简单的操作和编程接口。

(2) Hive 是基于 Hadoop 的一个工具，提供完整的 SQL 查询，可以将 SQL 语句转换为 MapReduce 任务进行运行。

(3) Sqoop 是一个开源工具，用于在 Hadoop 与传统数据库间进行数据传递。

(4) ZooKeeper 是一个高效的、可拓展的协调系统，存储和协调关键共享状态。生产者把所提供的服务提交 ZooKeeper 中，消费者则去 ZooKeeper 中寻找自己需要的服务，从中获取生产者的信息，然后再去调用生产者的服务。

(5) Avro 是一个数据序列化系统，它将对象的状态信息转换为可以存储或传输的形式,是用于支持大批量数据交换的应用。Avro 具有互操作的特点,即一种语言写入数据,另一种语言读取数据。

(6) HBase 是一个开源的、基于列存储模型的分布式数据库。它通过对存储内容的重新组织,克服了 HDFS 对小文件处理困难的问题,实现了数据的实时操作。

(7) HDFS 是 Hadoop 生态系统的基础模块,它的机制是将大量数据分布到计算机集群上,数据一次写入但可以多次读取用于分析。

(8) MapReduce 是一个用于分布式并行数据处理的编程模型,它将作业分为映射(Mapping)阶段和归约(Reducing)阶段,并因此得名。

下面将重点介绍 Hadoop 的两个核心设计——HDFS 和 MapReduce,它们分别致力于解决大数据处理的两大问题——大数据存储和大数据分析;还将介绍 Yarn,其将调度功能从文件系统中分离出来,获得了更强大的解耦和并行能力;最后,简要介绍其他的一些主要模块。

6.2.2 HDFS

HDFS 是 Hadoop Distributed File System 的缩写,是一个文件系统。它在 Hadoop 体系中帮助解决文件的底层存储问题,支持海量数据的磁盘存储,进行机器的线性扩充,只需要在集群中增加节点,存储能力就会同步增长。

HDFS 具备非常强大的容错性能,某些节点出现了故障不影响系统的使用,因为通常数据都有很多的副本。HDFS 屏蔽了存储的细节,在客户端提供了一套完整的文件管理命令,把底层的文件以一种结构化的目录形式展现给用户,可以像使用 Linux 文件操作命令一样使用 Hadoop 命令来访问对应的文件。

HDFS 是 Hadoop 分布式文件系统的实现,是 Hadoop 生态系统的核心子项目。在分布式系统架构下,大数据集不再单独加载到单一计算设备的内存中,而是切块分配到更多的并行设备对应的内存中。访问和处理超大文件等操作,可以由分布式文件系统协同调度 HDFS,基于流数据模式开发,移植到廉价的商用服务器上。该系统有高容错、高可靠性、高可扩展性、高获得性和高吞吐率等特征,为海量数据提供了安全高效的存储方式,也为超大数据集的应用处理奠定了基础。

HDFS 被实现为一种块结构的文件系统,其架构如图 6-2 所示。单个文件被拆分成固定大小的块保存在 Hadoop 集群上。一个文件可以由多个块组成,这些块存储在不同的数据节点(DataNode)上。对于每个块来说,存储在哪个 DataNode 上是随机的。集群中的机器分别运行一个 DataNode 实例,在其本地文件系统上以单独的文件形式保存各个 HDFS 数据块。它使用启发式算法确定每个目录下的最优文件数,并适当地创建子目录。名称节点(NameNode)负责整个 HDFS 文件系统中文件元数据的保管和管理,集群中通常只有一台机器运行 NameNode 实例。元数据结构可以被大量客户端同时修改,NameNode 存在就是为了保持信息同步。由于每个文件元数据的量相对较小

（仅包含文件名、访问权限和各个块的位置），因此 NameNode 将所有元数据保存在内存中，从而保证快速的随机访问。

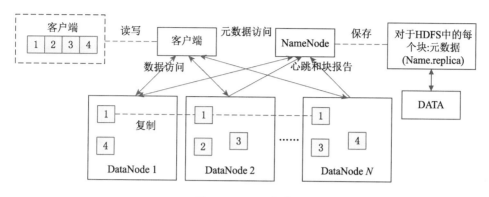

图 6-2 HDFS 架构

HDFS 的实现基于主/从架构，这产生了一个故障单点，即 NameNode 失效会导致 HDFS 失效。为了缓解这一问题，Hadoop 实现了从属 NameNode。它为主 NameNode 提供检查点机制。

用户应用程序不必了解文件系统元数据及存储副本等内容。简单来说，文件写入分为以下步骤：客户端向 NameNode 发起请求；检查文件是否存在、检查权限；根据文件大小和文件块配置情况，客户端将文件划分为多个文件块；分块写入 DataNode，DataNode 自动完成副本备份；DataNode 收到数据后发送确认信息；完成写入操作后，客户端调用 CLOSE() 方法；发送完成信号给 NameNode。而文件读取大致可分为以下步骤：客户端访问 NameNode，查询元数据；依次连接到 DataNode 并获取数据；完成读取，关闭连接。

6.2.3 MapReduce

MapReduce 是一种编程模型，主要用于大规模数据集的并行运算。Map 代表"映射"，Reduce 代表"归约"。在进行 MapReduce 计算任务时，采用分而治之的思想，处理过程被分为 Mapping 阶段和 Reducing 阶段。通过"键值对"形式作为输入和输出，将一个大规模数据集分解成许多独立的分片，由多个 Map 任务并行处理，通过 Reduce 任务归集多个并行任务处理的结果。通过 MapReduce 模型，编程人员可以直接调用简单接口，将程序分布式地运行在多台并行计算设备上，具有良好的可扩展性和较高的容错性。

MapReduce 的处理过程主要分为输入/划分（Splitting）、映射（Mapping）、分区和排序（Shuffling）和归约（Reducing）4 个阶段，具体介绍如下：

（1）Splitting：根据输入文件计算输入分片（input split），每个输入分片针对一个 Map 任务，输入分片存储的并非数据本身，而是一个分片长度和一个记录数据位置的数组。通常，Map 任务的拆分大小与 HDFS 中块(block)的大小相对应。HDFS 中块的大小默认为 64 MB，最佳大小取决于要执行的任务。

(2) Mapping：该阶段主要对输入数据实现细分和过滤，保留需要的数据，将输入文件中的内容按行分割为键(Key)和值(Value)的形式，或者接受一个键值对，产生一组中间键值对。MapReduce 框架会将 Map 函数产生的键值对中键相同的值传递给一个 Reduce 函数。

(3) Shuffling：该阶段会对 Map 的输出按照 Key 进行合并和排序，然后作为 Reducing 的输入使用。

(4) Reducing：Reducing 会进行排序操作和合并文件操作，接受一个键，以及相关的一组值，将这组值进行合并产生一组规模更小的值(通常只有一个或零个值)。在图 6-3 中将所属 Key 值进行叠加，从而计算出每种车出现的次数。最后结果以 Key 和 Value 的方式输出并存储在 HDFS 上。

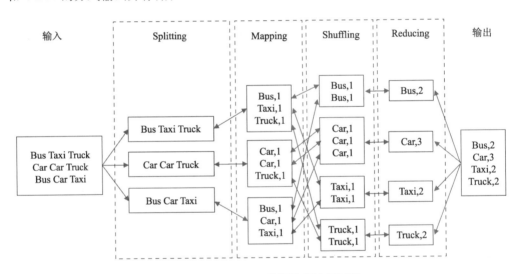

图 6-3　**MapReduce 数据执行流(范例)**

以数量统计为例，图 6-3 直观地说明了 MapReduce 的处理过程：向 Hadoop 用户提交了一个车辆信息的数据文本，共 9 条数据，目的是统计每类车的数量。在 Splitting 阶段，将输入分为 3 部分，也就是 3 个分区。在 Mapping 阶段，将每条数据构造为形如(车辆类型,1)的键值对。然后，在 Shuffling 阶段将 Key 相同的数据整合到同一分区作为 Reducing 阶段的输入，共产生 4 个分区，分别对应 4 种车辆类型。接着，在 Reducing 阶段对同一类车的车辆数进行累加，从而完成数量统计。最后结果以键值对的形式输出并存储在 HDFS 上。

Hadoop 的核心是 MapReduce，而 MapReduce 的核心又在于 Map 和 Reduce 函数，它们是交给用户实现的。但是 MapReduce 并不是万能的，MapReduce 计算时有以下前提条件：

（1）待处理的数据集可以分解成许多小的数据集。

（2）每一个小数据集都可以完全并行处理。

若不满足任意一条，则 MapReduce 模式不适用。例如在处理时间序列问题或处理需要大量迭代的任务时，MapReduce 的效率会大大降低。

6.2.4 Yarn

上文提及，Hadoop 集群由一个主节点和多个从节点组成，主要包括 JobTracker、TaskTracker、NameNode 和 DataNode。JobTracker 的作用是接受来自客户端的 MapReduce 作业，并使用 NameNode 处理数据。作为响应，NameNode 向 JobTracker 提供元数据；TaskTracker 作为 JobTracker 的从节点工作。

在 Hadoop 1.x 时代，Hadoop 中的 MapReduce 同时处理业务逻辑运算和资源的调度，其中资源调度等功能都包装在 MapReduce 的 JobTracker 中。而 JobTracker 负担了太多的功能，例如接受任务、资源调度甚至是监控 TaskTracker 的运行情况。当时 Hadoop 1.x 存在一个问题，在集群规模非常大的时候会出现不稳定的情况，耦合性较大。

Hadoop 2.x 对其进行了拆分，产生了独立的 Yarn。Yarn 是一种资源协调者，是 Hadoop 的资源管理器。拆分出 Yarn 之后，MapReduce 只负责计算，这也给后面其他计算框架替换 MapReduce 提供了方便，保障了 Hadoop 整个架构长盛不衰。

Yarn 主要由以下 4 个部分组成：

（1）ResourceManager(RM)：资源管理器，管理整个集群资源[如内存、中央处理器(Central Processing Unit，CPU)等]。

（2）ApplicationMaster(AM)：应用管理器，管理单个任务运行。

（3）NodeManager(NM)：节点管理器，管理单个节点服务器资源；其能够代替 TaskTracker 与 JobTracker。

（4）Container：容器，相当于一台独立的服务器，里面封装了任务运行所需要的资源，如内存、CPU、磁盘、网络等。

其中，资源管理器与节点管理器为其核心服务。由于 Yarn 的诞生，MapReduce 将可以承担 10 000 个节点和 10 万个任务。

加入 Yarn 资源管理机制后，在客户发出一项作业时，资源管理器将接收该任务，并将任务分配给节点管理器。节点管理器将分配 Map 或 Reduce 的容器供其进行分布式计算，并在数据节点中将任务结果保存。

具体 Yarn 的更多详细内容可见官方文档。

6.2.5 其余主要模块简介

Hadoop 除了以上三大核心模块外，还有许多模块支持其强大的功能与可扩展性。

以下将对其中一些模块进行简要介绍：

- **HBase**

HBase 是建立在 Hadoop 上的开源、sorted Map 数据库。它是面向列和水平可扩展的。它有一组以键值格式保存数据的表。HBase 非常适合于稀疏数据集，稀疏数据集在大数据用例中非常常见。HBase 提供了 API，几乎可以用任何编程语言进行开发。它是 Hadoop 生态系统的一部分，提供对 Hadoop 文件系统中数据的随机实时读/写访问。

- **Sqoop**

Sqoop 是 Apache 提供的一个开源框架。它是一个命令行界面应用程序，用于在关系数据库和 Hadoop 之间传输数据。它支持通过单表或各种形式的 SQL 对数据进行传输。使用 Sqoop 可以将数据从 MySQL/ PostgreSQL/Oracle/SQL Server/DB2 移动到 HDFS/Hive/HBase 上，反之亦然。

- **Pig**

Apache Pig 是一个用于执行 Hadoop MapReduce 程序的高级数据流平台。Pig 脚本在内部转换为 MapReduce 作业，并处理存储在 HDFS 中的数据。除此之外，Pig 还可以在 Apache Tez 或 Apache Spark 中执行其作业。

Pig 可以处理任何类型的数据，包括结构化、半结构化或非结构化数据，并将相应的结果存储到 Hadoop 数据文件系统中。每一个可以用 Pig 完成的任务也可以用 MapReduce 中使用的 Java 完成。

6.3 Hadoop 的安装与基本使用

本节将对 Hadoop 的安装和基本使用通过几个案例进行介绍。

6.3.1 环境搭建与 Hadoop 安装

本节对 Hadoop 运行所需的环境进行简要介绍。本节主要介绍其在 Linux 操作系统上的安装。Hadoop 2.x 可以在 Windows 操作系统上运行，具体可见官方文档中关于下载方面的有关介绍[2]。

- **创建相关用户**

首先打开终端窗口，输入如下命令创建 dclily-Hadoop01 用户，这条命令创建了可以登录的 Hadoop 用户，并使用/bin/bash 作为 shell 命令：

1. [root@ Tlab]#　sudo useradd -m Hadoop -s /bin/bash

接着为 Hadoop 设置登录密码，可简单设为"123456"，按提示输入两次：

2. [root@ Tlab]#　sudo passwd Hadoop

接着为 Hadoop 用户增加管理员权限，方便安装配置：

3. [root@ Tlab]#　sudo adduser Hadoop sudo

最后切换至 Hadoop 用户，Hadoop 的安装和配置都是在 Hadoop 用户下进行，提示时输入 Hadoop 的用户名密码"123456"：

4. [root@ Tlab]#　su dclily-Hadoop01

● 下载环境依赖

（1）安装 Linux 环境

安装 Linux 环境时，需要注意以下几个方面：

① 关闭防火墙：学习环境可以直接把防火墙关闭。用 root（根）用户登录后，查看防火墙状态。

② 关闭 selinux：selinux 是 Linux 的一个子安全机制，学习环境可以将它禁用。

如果使用虚拟机进行操作系统的安装，使用 NAT 模式网络。

本节将 Ubuntu 18.04 64 位作为系统环境，安装 Hadoop 2.6.0 版本。

（2）安装 JDK

Hadoop 机器上的 JDK（Java Development Kit），最好是 Oracle 的 JDK，不然可能没有 jps 命令。如果安装了其他版本的 JDK，最好将其替换为 jdk-7u67-linux-x64 版本。

1. [root@ Tlab-Hadoop01]#　sudo apt-get install -y default-jdk

安装后通过以下代码查看安装状态：

2. [root@ Tlab-Hadoop01]#　java -version
　　　openjdk version "11.0.17" 2022-10-18 OpenJDK Runtime Environment (build 11.0.17+ 8-post-Ubuntu-1ubuntu220.04) OpenJDK 64-Bit Server VM (build 11.0.17+ 8-post-Ubuntu-1ubuntu220.04, mixed mode, sharing)

（3）安装 SSH

不管是集群版还是单机版，都需要用到 SSH（Secure Shell，安全外壳）登录，系统默认已安装了 SSH 客户端，此外还需要安装 SSH 服务器端。安装过程如下所示：

1. [root@ Tlab-Hadoop01]#　sudo apt-get install openssh-server

安装后，按照如下方式尝试登录本机，提示时输入"yes"，输入初始密码。此时应看到如下信息：

[root@ Tlab-Hadoop01]#　ssh localhost

Welcome to Ubuntu 18.04.4 LTS (GNU/Linux 6.4.0-124-generic x86_64)

```
*  Documentation:   https://help.ubuntu.com
*  Management:      https://landscape.canonical.com
*  Support:         https://ubuntu.com/advantage

This system has been minimized by removing packages and content that are
not required on a system that users do not log into.

To restore this content, you can run the 'unminimize' command.

0 packages can be updated.
0 updates are security updates.


Last login: Mon Jun 24 15:46:28 2019 from 172.16.0.1
```

如果出现"localhost: Permission denied (publickey)"的错误,需要对其进行公私钥授权:

```
1. [root@ Tlab-Hadoop01 ]#  ssh-keygen -t rsa -P " -f ~ /.ssh/id_rsa


Generating public/private rsa key pair.
Your identification has been saved in /home/ehpc/.ssh/id_rsa.
Your public key has been saved in /home/ehpc/.ssh/id_rsa.pub.
The key fingerprint is:
SHA256: #  此处将出现相关的 fingerprint
The key's randomart image is:
+ - - - [RSA 2048]- - - - +
#  此处将出现相关的 randomart image
+ - - - - [SHA256]- - - - - +
2. [root@ Tlab-Hadoop01 ]#  cat ~ /.ssh/id_rsa.pub > > ~ /.ssh/authorized_keys
```

此时再用 ssh localhost 命令,无须输入密码就可以直接登录。

● **安装 Hadoop**

下面对 Hadoop 的安装进行介绍。在官网选择合适的版本下载到本地,如果没有图形界面可使用 wget 指令:

```
1. [root@ Tlab-Hadoop01 ]#  sudo wget
   https://archive.apache.org/dist/Hadoop/common/Hadoop-2.6.0/Hadoop-2.6.0.tar.gz
```

此后,将下载的文件解压到/usr/local/Hadoop 目录下,并赋于 Hadoop 用户该文件夹的相关权限:

2. [root@ Tlab-Hadoop01]#　sudo sudo chown -R dclily-Hadoop01 /usr/local/Hadoop

此后,设置 Java 与 Hadoop 的环境变量。具体而言,首先,修改~/.bashrc 文件,加入以下环境变量:

```
export JAVA_HOME= /usr/lib/jvm/java-11-openjdk-amd64
export HADOOP_HOME= /usr/local/Hadoop
export PATH= $ PATH:$ HADOOP_HOME/bin
export PATH= $ PATH:$ HADOOP_HOME/sbin
export HADOOP_MAPRED_HOME= $ HADOOP_HOME
export HADOOP_COMMON_HOME= $ HADOOP_HOME
export HADOOP_HDFS_HOME= $ HADOOP_HOME
export YARN_HOME= $ HADOOP_HOME
export HADOOP_COMMON_LIB_NATIVE_DIR= $ HADOOP_HOME/lib/native
export HADOOP_OPTS= "-DJava.library.path= $ HADOOP_HOME/lib"
export JAVA_LIBRARY_PATH= $ HADOOP_HOME/lib/native:$ JAVA_LIBRARY_PATH
```

此后,再编辑/usr/local/Hadoop/etc/Hadoop/Hadoop-env.sh 文件,加入以下环境变量:

```
export JAVA_HOME= /usr/lib/jvm/java-11-openjdk-amd64
export HADOOP_CONF_DIR= /usr/local/Hadoop/etc/Hadoop/
```

这个文件主要负责为各种特殊的 Hadoop 脚本提供环境变量,需要用到时可以来这个文件里修改环境变量,以添加相关功能。

其中,JAVA_HOME 可通过以下指令获取:

3. [root@ Tlab-Hadoop01]#　update-alternatives - - display java

保存之后,运行下面命令使配置生效:

4. [root@ Tlab-Hadoop01]#　source ~ /.bashrc
5. [root@ Tlab-Hadoop01]#　source /usr/local/Hadoop/etc/Hadoop/Hadoop-env.sh

至此,单机版的 Hadoop 已经安装完成,可以查看 Java 和 Hadoop 环境配置,若输入命令可查看 Java 和 Hadoop 版本信息,说明环境配置成功。

6. [root@ Tlab-Hadoop01]#　java -version
7. [root@ Tlab-Hadoop01]#　　JAVA_HOME/bin/java -version
8. [root@ Tlab-Hadoop01]#　　Hadoop version

Hadoop 2.6.0

Subversion https://git-wip-us.apache.org/repos/asf/Hadoop.git -r
d4c8d4d4d203c934e8074b31289a28724c0842cf

```
Compiled by jenkins on 2015-04-10T18:40Z

Compiled with protoc 2.6.0

From source with checksum a9e90912c37a35c3195d23951fd18f

This command was run using
/usr/local/Hadoop/share/Hadoop/common/Hadoop-common-2.6.0.jar
```

6.3.2 分布式 Hadoop 配置与测试

● 配置分布式 Hadoop

本节主要进行伪分布式 Hadoop 实验,即在同一台虚拟机(物理机)上配置分布式 Hadoop 需要的文件,当需要进行真正的分布式计算时,只需对下述流程稍做改动即可。

首先,进入 Hadoop 目录:

1. [root@ Tlab-Hadoop01]# cd /usr/local/Hadoop/etc/Hadoop

之后,分别配置以下内容:

(1) 配置 core

修改配置文件 core-site.xml。在这里主要修改 2 处:

① Hadoop.tmp.dir:HDFS 系统会把用到的数据存储在 core-site.xml 中由 Hadoop.tmp.dir 指定,默认位于/tmp/Hadoop-${user.name}下,由于/tmp 目录在系统重启时会被删除,所以应该修改目录位置。

② fs.default.name:默认的 HDFS 端口,用于 NameNode 与 DataNode 之间的通信。

其余常见的配置例如 io.file.buffer.size,表示设置缓冲器(buffer)的大小。具体可参考官方文档[2]。

在这里,进行如下设置:

```
< configuration>
< property>
        < name> Hadoop.tmp.dir< /name>
        < value> /usr/local/Hadoop/tmp< /value>
        < description> A base for other temporary directories.< /description>
< /property>
< property>
        < name> fs.defaultFS< /name>
        < value> hdfs://localhost:9000< /value>
```

    < /property>
  < /configuration>

注意这里的端口 9000 是 HDFS 整体的默认端口，NameNode、DataNode 等有自己独立的默认端口，可以做更为详细的配置。使用命令：

```
$ telnet [yourhostname] 9000
```

查看防火墙是否关闭了 9000 端口，若关闭，则需要手动打开，否则一些服务将无法正常运行。

（2）配置 hdfs

修改配置文件 hdfs-site.xml。在这里主要修改 3 处：

① dfs.replication：副本数，默认为 3，方便起见在这里取 1。

② dfs.namenode.name.dir：指定 NameNode 节点存储数据文件的本地路径。

③ dfs.datanode.data.dir：指定 DataNode 节点存储数据文件的本地路径，可以通过逗号分隔指定多个路径。

另外，dfs.permissions.enabled 表示 Linux 上的权限系统检查，测试期间为了简单起见可以关闭权限检查。

在这里，进行如下设置：

```
< configuration>
  < property>
    < name> dfs.replication< /name>
    < value> 1< /value>
  < /property>
  < property>
    < name> dfs.namenode.name.dir< /name>
    < value> /usr/local/Hadoop/tmp/dfs/name< /value>
  < /property>
  < property>
    < name> dfs.datanode.data.dir< /name>
    < value> file:/usr/local/Hadoop/tmp/dfs/data< /value>
  < /property>
< /configuration>
```

（3）配置 mapreduce

修改配置文件 mapred-site.xml。在这里主要修改 1 处：

mapreduce.framework.name：指定调度 MapReduce 的框架，一般选择 Yarn。

另外常用的配置如 mapreduce.shuffle.port，指定 ShuffleHandler 将运行的默认端口。ShuffleHandler 是在 NodeManager 上运行的服务，以便于将中间 Map 输出传输到

请求 Reducers。

在这里,进行如下设置:

```
< configuration>
< property>
    < name> mapreduce.framework.name< /name>
    < value> yarn< /value>
< /property>
< /configuration>
```

(4) 配置 yarn

修改配置文件 yarn-site.xml。在这里主要修改 2 处:

① yarn.nodemanager.aux-services:指定以逗号分隔的服务列表,常见服务包括 mapreduce_shuffle、spark2_shuffle、timeline_collector 等。

② yarn.nodemanager.aux-services.mapreduce.shuffle.class:如果开启了 mapreduce_shuffle 服务,这里对其进行具体设置。

在这里,进行如下设置:

```
< configuration>
< property>
    < name> yarn.nodemanager.aux-services< /name>
    < value> mapreduce_shuffle< /value>
< /property>
< property>
    < name> yarn.nodemanager.aux-services.mapreduce.shuffle.class< /name>
    < value> org.apache.Hadoop.mapred.ShuffleHandler< /value>
< /property>
```

如果有配置文件缺失,可以在目录下找到模板文件,例如 mapred-site.xml.template,将其复制一份,再进行修改即可。

```
2. [root@ Tlab-Hadoop01 ]# cp mapred-site.xml.template mapred-site.xml
```

最后,启动分布式 Hadoop 系统。

第一步,在/usr/local/Hadoop 目录下,对 HDFS 文件系统进行格式化:

```
3. [root@ Tlab-Hadoop01 ]# Hadoop namenode -format
22/12/30 21:40:56 INFO common.Storage: Storage directory
/usr/local/Hadoop/tmp/dfs/name has been successfully formatted.
```

这里需要格外注意的是,$ Hadoop namenode -format 命令的作用是格式化 HDFS 文件系统。因此除了在最开始使用一次外,其他时候就不要再执行了,多次格式化可能会引发一些意想不到的错误。同时,确保在路径/usr/local/Hadoop 目录下执行,实测

在 /usr/local/Hadoop/etc/Hadoop 路径下也能执行此命令，但这会对系统产生不可逆转的破坏。

第二步，启用 NameNode 及 DataNode 进程和 ResourceManager 及 NodeManager：

```
4. [root@ Tlab-Hadoop01 ]# sbin/start-dfs.sh
Starting namenodes on [localhost]
localhost: starting namenode, logging to
/usr/local/Hadoop/logs/Hadoop-Hadoop-namenode-ubuntu.out

localhost: starting datanode, logging to
/usr/local/Hadoop/logs/Hadoop-Hadoop-datanode-ubuntu.out

Starting secondary namenodes [0.0.0.0]

5. [root@ Tlab-Hadoop01 ]# sbin/start-yarn.sh

starting yarn daemons

starting resourcemanager, logging to
/usr/local/Hadoop/logs/yarn-Hadoop-resourcemanager-ubuntu.out

localhost: starting nodemanager, logging to
/usr/local/Hadoop/logs/yarn-Hadoop-nodemanager-ubuntu.out
```

启动进程之后，可以通过以下命令查看进程情况：

```
6. [root@ Tlab-Hadoop01 ]#  jps
5120 SecondaryNameNode
4899 DataNode
5417 NodeManager
4700 NameNode
5277 ResourceManager
5743 Jps
```

至此，Hadoop 伪分布式配置成功。

需要注意的是，Hadoop 单机版与分布式的主要区别就在于这些 xml 文件的配置。当为默认配置时，其为单机版；当对 core、hdfs、mapreduce、yarn 等进行配置后，其为分布式，必须在 hdfs、yarn 等进程开启后才能使用。在两者之间切换时，只需要对配置文件进行修改即可。

● 测试 Hadoop 示例程序

以下通过完成 Hadoop 的经典测试程序,来确保 Hadoop 单机版和集群安装正确。

首先,进入 Hadoop 目录:

1. [root@ Tlab-Hadoop01]# cd /usr/local/Hadoop/etc/Hadoop

之后,运行以下 jar 包:

2. [root@ Tlab-Hadoop01]# Hadoop jar
share/Hadoop/mapreduce/Hadoop-mapreduce-examples-2.6.0.jar pi 5 5

……

```
23/01/07 05:58:46 INFO mapreduce.Job: Job job _ local1171804785 _ 0001 completed successfully

23/01/07 05:58:46 INFO mapreduce.Job: Counters: 30

    File System Counters
    FILE: Number of bytes read= 1657232
    FILE: Number of bytes written= 3313681
    FILE: Number of read operations= 0
    FILE: Number of large read operations= 0
    FILE: Number of write operations= 0
    Map-Reduce Framework
    Map input records= 5
    Map output records= 10
    Map output bytes= 90
    Map output materialized bytes= 140
    Input split bytes= 680
    Combine input records= 0
    Combine output records= 0
    Reduce input groups= 2
    Reduce shuffle bytes= 140
    Reduce input records= 10
    Reduce output records= 0
    Spilled Records= 20
    Shuffled Maps = 5
    Failed Shuffles= 0
```

```
        Merged Map outputs= 5
        GC time elapsed (ms)= 39
        Total committed heap usage (bytes)= 1428160512
        Shuffle Errors
        BAD_ID= 0
        CONNECTION= 0
        IO_ERROR= 0
        WRONG_LENGTH= 0
        WRONG_MAP= 0
        WRONG_REDUCE= 0
    File Input Format Counters
        Bytes Read= 650
    File Output Format Counters
        Bytes Written= 109
Job Finished in 1.615 seconds
Estimated value of Pi is 3.68000000000000000000
```

其中，pi 为程序名称，即该程序用于计算圆周率。两个参数分别表示 Number of Maps 和 Samples per Map，在这里，分别取 5 即可。最终可见，程序估计出 pi 值约为 3.68，表明 Hadoop 正常工作。

至此，本节已经对单机版、分布式 Hadoop 的安装、配置、测试方法作了简要的描述。以下将通过两个具体的交通问题，使读者对 Hadoop 的 HDFS 文件系统与 MapReduce 思想有进一步的理解。

6.3.3　使用 Hadoop 解决交通问题

本节将对 Hadoop 在具体交通问题中的简易求解方法进行简要介绍。其中分为两个模块：一是通过示例程序或导入网络资源 jar 包中的功能，解决有关的交通问题；二是通过 Hadoop Streaming，使用 Python 编写 MapReduce 程序，来实现定制化地解决交通问题。

- **案例一：导入 jar 包求解——以 Hadoop 示例程序为例**

该任务场景描述为，要求对 Dataset_B 中该月网格浮动车流量进行频数统计，表 6-1 为输出示例。

在这里，导入 Hadoop-mapreduce-examples。其为 Hadoop 安装完成后自带的程序包，包含一些简单的计算程序。上文中的 pi 便是其中之一。以 Hadoop 2.7 为例，具体而言，其中较为实用的为以下对数据

表 6-1　案例一示例结果

volume	频数
1	316 036

集、数据进行处理的程序：

(1) wordcount / aggregatewordcount

该程序对输入文件中的单词进行计数。其中 aggregatewordcount 采用聚合的算法。

(2) aggregatewordhist

该程序用于计算输入文件中单词频数的直方图。

(3) dbcount

该程序从数据库中统计页面浏览量的示例作业。

(4) grep

该程序用于计算输入中正则表达式的匹配次数。

(5) join

该程序用于对若干数据集进行连接操作。

(6) multifilewc

该程序用于对若干个输入文件中的单词均进行计数。

(7) wordmean

该程序用于计算输入文件中单词的平均长度。

(8) wordmedian

该程序用于计算输入文件中单词长度的中位数。

(9) wordstandarddeviation

该程序用于计算输入文件中单词长度的标准偏差。

这是一个可以通过 wordcount / aggregatewordcount 程序完成的任务。以下将分别用 Hadoop 单机版与分布式 Hadoop 完成一个交通大数据分析任务，以测试 Hadoop 的安装结果，并使读者了解 Hadoop 的基本操作。

(1) 单机版

首先，在 Hadoop 目录下新建 input 文件夹：

```
1. [root@ Tlab-Hadoop01 ]#   cd /usr/local/Hadoop
2. [root@ Tlab-Hadoop01 ]#   sudo mkdir input
```

其次，选择需要统计字数的文本文件，在这里即为 Dataset_B，注意，使用官方程序包或他人开发的功能，一般实现的功能较为单一，无法进行个性化定制。需要将 Dataset_B 进行预处理，即仅留下 volume 一栏，这可以通过上文提及的数据库 SQL 语言实现。获得数据后，将其放入 input/Hadoop 文件夹中。

最后，在 Hadoop 目录下运行 wordcount 程序，并将结果保存到 output 中。该条命令需要写明 input 所在路径、jar(示例程序)所在路径，如为 2.7 版本，则路径与实例相同，否则可能在 contrib 等目录下，可以通过 whereis 命令进行查找。

```
3. [root@ Tlab-Hadoop01 ]#   Hadoop jar
   share/Hadoop/mapreduce/Hadoop-mapreduce-examples-2.6.0.jar wordcount
   input/Hadoop output
```

......

```
23/01/07 05:56:43 INFO mapreduce.Job: Job job_local860011478_0001 completed successfully

23/01/07 05:56:43 INFO mapreduce.Job: Counters: 30
    File System Counters
        FILE: Number of bytes read= 30123702
        FILE: Number of bytes written= 1103543
        FILE: Number of read operations= 0
        FILE: Number of large read operations= 0
        FILE: Number of write operations= 0
    Map-Reduce Framework
        Map input records= 4276899
        Map output records= 4276899
        Map output bytes= 27616664
        Map output materialized bytes= 1131
        Input split bytes= 109
        Combine input records= 4276899
        Combine output records= 127
        Reduce input groups= 65
        Reduce shuffle bytes= 1131
        Reduce input records= 127
        Reduce output records= 65
        Spilled Records= 381
        Shuffled Maps = 1
        Failed Shuffles= 0
        Merged Map outputs= 1
        GC time elapsed (ms)= 192
        Total committed heap usage (bytes)= 538968064
    Shuffle Errors
        BAD_ID= 0
        CONNECTION= 0
        IO_ERROR= 0
        WRONG_LENGTH= 0
        WRONG_MAP= 0
        WRONG_REDUCE= 0
    File Input Format Counters
```

```
Bytes Read= 14785965
File Output Format Counters
Bytes Written= 596
```

此后,通过查看 output 文件夹会看到所有 volume 的频数都被统计出来。注意,如果需要再次运行,需要把 output 文件夹清空后才能运行。

4. [root@ Tlab-Hadoop01]# cat output/*

执行命令输出频数统计结果,如表 6-2 所示:

表 6-2 案例一结果

volume	频数	volume	频数	volume	频数	volume	频数
1	316 036	21	29 365	41	10 649	61	6 177
2	449 350	22	33 325	42	13 382	62	4 073
3	387 637	23	37 716	43	14 789	63	2 031
4	289 198	24	41 287	44	17 930	64	2 035
5	226 933	25	45 034	45	20 319	65	1 234
6	187 108	26	43 622	46	23 356		
7	160 645	27	41 240	47	26 113		
8	156 883	28	38 693	48	25 215		
9	147 839	29	36 636	49	25 245		
10	83 327	30	34 321	50	25 668		
11	105 840	31	17 209	51	24 457		
12	106 936	32	19 458	52	24 172		
13	96 593	33	20 949	53	23 591		
14	90 246	34	22 508	54	22 772		
15	83 925	35	26 804	55	19 821		
16	78 011	36	28 177	56	18 608		
17	80 638	37	26 137	57	15 432		
18	82 096	38	23 596	58	12 904		
19	76 963	39	22 327	59	9 810		
20	64 320	40	21 096	60	7 092		

(2) 分布式

伪分布式与单机版主要的区别为配置不同,而在该实验中,则主要体现在其读取的是 HDFS 文件系统的数据,已完成分布式节点管理的效果。

首先,要使用 HDFS,需要在 HDFS 中创建用户目录:

```
5. [root@ Tlab-Hadoop01 ]# Hadoop fs -mkdir -p /user/Hadoop
```

接着,将预处理过的 Dataset_B 输入文件复制到分布式文件系统(/user/Hadoop/input)中。复制完成后,可以通过如下命令查看文件列表:

```
6. [root@ Tlab-Hadoop01 ]# Hadoop fs -ls input
-rw-r--r--  1 Hadoop supergroup    795 2022-12-30 21:59 input/test.txt
```

本例将 test.txt 命名为预处理过的 Dataset_B 输入文件。

此后,按照单机模式运行即可(注意,如果删除单机测试下的 input 和 output,该程序仍可以运行,以验证其的确读取了 HDFS 中的数据)。

```
7. [root@ Tlab-Hadoop01 ]# Hadoop jar
   /usr/local/Hadoop/share/Hadoop/mapreduce/Hadoop-mapreduce-examples-2.6.0.jar
   wordcount  input /user/Hadoop/output
```

如果出现失败情况,例如以下情况:

```
3/10/29 11:49:01 INFO mapreduce.Job: Task Id :
attempt_1383017347984_0001_m_000000_0, Status : FAILED

Container launch failed for container_1383017347984_0001_01_000002 :
org.apache.Hadoop.yarn.exceptions.InvalidAuxServiceException: The auxService:

mapreduce_shuffle does not exist
```

按照报错信息检查相应配置文件是否填写错误,是否需要增加配置等。在上例中,需要检查是否在 Yarn 中添加 mapreduce_shuffle。

此后,查看 output 文件夹获取结果信息:

```
8. [root@ Tlab-Hadoop01 ]# Hadoop fs -ls /user/Hadoop/output/
part-r-00000  _SUCCESS
9. [root@ Tlab-Hadoop01 ]# Hadoop fs -cat /user/Hadoop/output/part-r-00000
```

其中,_SUCCESS 代表程序运行成功,part-r-00000 代表运行结果的文本文件。运行结果可参考单机版 Hadoop 运行结果,此处不再赘述。

最后,通过以下命令关闭服务:

```
10. [root@ Tlab-Hadoop01 ]# stop-dfs.sh
11. [root@ Tlab-Hadoop01 ]# stop-yarn.sh
```

至此,案例一所描述的任务已经通过 Hadoop 求解完成。

- **案例二:通过 Hadoop Streaming 求解——以 Python 为例**

该任务场景描述为,要求统计 Dataset_B 中本月每一天的网格平均速度,即输出本月 30 天各天的网格平均速度,如表 6-3 所示。

显然,对于有具体任务需求的问题,常见的 jar 包无法提供个性化的解决方案。此时,自行编写 MapReduce 程序解决是较为方便的方案之一。其

表 6-3 案例二示例结果

Date	频数	平均速度
20161101	140 101	10.268 614

中,一种常见的方法是通过 Hadoop 提供的 MapReduce API 编写 Java 程序,之后通过 conf 文件进行配置,即可在 Hadoop 上执行。

而实际上,Hadoop 框架虽然是使用 Java 所写,一般通过 Java 编程实现,但是 Hadoop 程序不限于 Java,还可以用 Python、Ruby 等。Hadoop 为 MapReduce 提供了一个 API——Hadoop Streaming,允许使用 Java 以外的语言编写 Map 和 Reduce 函数。Hadoop Streaming 使用 Unix 标准流作为 Hadoop 和用户程序之间的接口,因此通过 Hadoop Streaming,可以使用任何可以读取标准输入并写入标准输出的语言来编写 MapReduce 程序。

本例将直接用 Python 写上述 MapReduce 交通实例,在其中对 Hadoop Streaming 的相关操作进行介绍。对于有 Java 编程基础的读者,可阅读第 6.3.4 节中关于自行编程 jar 包求解针对性问题的简要教程。

前文主要介绍了 MapReduce 的主要流程。其中 Yarn 将负责 shuffle 模块,只需要重写 Map 与 Reduce 具体如何执行即可。

(1) 标准流函数

对 Python 的 Unix 标准流进行介绍。首先,标准输入、输出流需要导入 sys 包:

```
1. # ! /usr/bin/env python
2. import sys
```

其中,sys.stdin 为标准输入,sys.stdout 为标准输出,sys.stderr 为标准错误流。

此外,print()与 input()实际上是标准输出流和输入流的接口,因此它们和 sys.stdout、sys.stdin 有类似的功能。在实际使用方面,输出可以直接采用 print()。

(2) Mapper.py

对 Mapper 的编程进行介绍。Mapper 的意义在于对读入的数据进行处理,并将其分割为最小执行单元后输出。针对本问题,需要传递给 Reduce 模块的是一个三元组 (date,avg,count)。其中:date 指的是本次平均速度所统计的日期;avg 指的是当前该元组的平均值;count 为当前该元组包含几个同日期的值,用于辅助平均值的计算。

以下是 Mapper 的核心代码:

```
1. for line in sys.stdin:
2. line = line.strip()
3. words = line.split(',')
4. print ("% s\t% s\t% s"% (words[0],words[1],1))
```

从代码中可见,首先将标准输入按行读入;其次,通过字符串函数对其进行去除空

格、换行符处理(strip)与分割处理(split,其中 ',' 表示按照逗号进行分割,这是因为 Dataset_B 的数据是该格式)。最后,将其按照标准输出传递给 Reduce 一个三元组。这里注意,如果对 Dataset_B 进行过预处理,每一行仅剩下 date 和 avg 两个字段,则按照代码所示执行;若未处理,按照正确的分割位置进行提取即可。

(3) Reducer.py

对 Reducer 的编程进行介绍。由前文可知,Reducer 起到归约的作用,需要不断读取 Yarn 提供的输入字段,进行归约操作。以下按照四个方面来介绍 Reducer 的组成:

第一,定义全局变量。对当前 Reducer 执行的日期、计数、均值进行初始化。

```
1. # 定义全局变量
2. current_date = None
3. current_count = 0
4. current_avg = 0
```

第二,对传入的数据进行处理。在这里,参照 Mapper 对读入数据的处理对其进行删除换行符、分割处理。注意,这里为了后续能够正常计算,将 avg 和 count 转为 int。这里使用 try,即如果转化不成功则跳过该行,防止某些个别数据缺失等导致的 Reducer 报错中止。

```
1. date = None
2. # 对传入的数据进行处理
3. for line in sys.stdin:
4.     line = line.strip()
5.     date, avg, count = line.split('\t')
6.     try:
7.         count = int(count)
8.         avg = float(avg)
9.     except:
10.        continue
```

第三,对是否归约进行判断并归约。如果本行读入的数据和全局变量一致,则将其归约到全局变量上。其中,第 13 行递推计算平均数,也是其计算平均数的核心代码。对其进行改动可以实现其他功能,以下列举两例:

① 求取最大值,将其改为当前最大值与读入数据取最大即可;

② 求和,将其改为当前值与最大值相加即可。

另外,如果本行读入的数据和全局变量不一致,则将当前的全局变量输出,并将读入的数据换为当前的全局变量。输出的数据将再次作为 Reducer 的输入不断归约,直到结束为止。

```
11.    if current_date == date:
```

```
12.     current_count + = count
13.     current_avg = (current_avg* (current_count-count)+ avg* count)/current
   _count
14.   else:
15.     if current_date:
16.       print("% s\t% s\t% s" % (current_date, current_count, current_avg))
17.     current_count = count
18.     current_date = date
19.     current_count = count
```

第四，输出结果。按照三元组或其他格式要求输出即可。

```
1. if current_date = = date:

2.   print("% s\t% s\t% s" % (current_date, current_count, current_avg))
```

（4）测试程序正确性

上述已经完成了 Mapper 与 Reducer 的代码，在将其放入 HDFS 中交付 Hadoop 执行之前，首先对其正确性进行评价。

在终端内，切换到 Mapper 与 Reducer 所在的地址，首先确认 Mapper 输出正确：

```
1. [root@ Tlab-Hadoop01 /]# echo -e "20010101,5 \n 20010101,4 \n 20020102,2"
| ./mapper.py
20010101 5 1
20010101 4 1
20020102 2 1
```

其中，echo 将手动输入的字符串转换为标准输出流，并重定向到文件的输入。-e 选项表示接收转义字符，方便进行换行。可见，参照实验结果，三元组被正确地输出。

其次，模拟整个 MapReduce 流程对其正确性进行检验：

```
2. [root@ Tlab-Hadoop01 /]# echo -e "20010101,5 \n 20020102,2 \n 20010101,4"
| ./mapper.py | sort -k1,1 | ./reducer.py
20010101 4.5 2
20020102 2 1
```

其中，sort 将 Mapper 输出的数据进行排序。实际上，不排序也可以执行成功，在这里排序是为了模拟 Yarn 对数据进行 Shuffling。

可见，参照实验结果，该程序正确执行。

（5）执行程序

首先，切换到 Hadoop 目录下：

```
3. [root@ Tlab-Hadoop01 ]# cd /usr/local/Hadoop
```

其次，将 Dataset_B 复制到 input 文件夹下，将 mapper.py、reducer.py 复制到当前文件夹下。检查相应单机版、分布式配置，确保删除 output 文件夹等。

最后，执行 Hadoop Streaming 的 jar 包：

```
4. [root@ Tlab-Hadoop01 /]# Hadoop jar
share/Hadoop/tools/lib/Hadoop-streaming-2.6.0.jar \
 -file mapper.py     -mapper mapper.py \
 -file reducer.py    -reducer reducer.py \
 -input input/*      -output output
……
23/01/12 02:32:20 INFO mapreduce.Job: Job job_local1919331274_0001 completed successfully
23/01/12 02:32:20 INFO mapreduce.Job: Counters: 30
File System Counters
  FILE: Number of bytes read= 712346904
  FILE: Number of bytes written= 626499909
  FILE: Number of read operations= 0
  FILE: Number of large read operations= 0
  FILE: Number of write operations= 0
Map-Reduce Framework
  Map input records= 4276899
  Map output records= 4276899
  Map output bytes= 125600559
  Map output materialized bytes= 134154381
  Input split bytes= 388
  Combine input records= 0
  Combine output records= 0
  Reduce input groups= 30
  Reduce shuffle bytes= 134154381
  Reduce input records= 4276899
  Reduce output records= 30
  Spilled Records= 8553798
  Shuffled Maps = 4
  Failed Shuffles= 0
  Merged Map outputs= 4
  GC time elapsed (ms)= 91
  Total committed heap usage (bytes)= 1190133760
Shuffle Errors
  BAD_ID= 0
```

```
        CONNECTION= 0
        IO_ERROR= 0
        WRONG_LENGTH= 0
        WRONG_MAP= 0
        WRONG_REDUCE= 0
    File Input Format Counters
        Bytes Read= 121335948
    File Output Format Counters
        Bytes Written= 1061
```

参见以上输出,可知程序顺利执行。执行完毕后,查看 output 文件夹下文件,获得最终结果(表 6-4)。

5. [root@ Tlab-Hadoop01]# cat output/*

表 6-4 案例二结果

Date	频数	平均数	Date	频数	平均数
20161101	140 101	10.268 614	20161116	140 530	10.349 315
20161102	137 253	10.275 069	20161117	143 231	10.319 761
20161103	139 282	10.273 105	20161118	145 374	10.110 606
20161104	143 069	10.094 635	20161119	146 525	10.375 479
20161105	146 250	10.280 637	20161120	144 097	10.507 148
20161106	142 153	10.319 949	20161121	141 773	10.291 945
20161107	140 993	10.054 363	20161122	141 806	10.276 417
20161108	139 146	10.225 578	20161123	141 438	10.317 418
20161109	140 966	10.212 889	20161124	141 445	10.173 438
20161110	141 058	10.203 51	20161125	145 398	10.005 946
20161111	144 381	10.015 27	20161126	146 968	10.152 794
20161112	146 746	10.355 376	20161127	144 402	10.418 449
20161113	140 301	10.606 099	20161128	143 543	10.261 847
20161114	139 850	10.298 074	20161129	145 101	10.189 083
20161115	138 798	10.269 677	20161130	144 921	10.272 479

至此,案例二所描述的任务已经通过 Hadoop 求解完成。

6.3.4 Java 编写 MapReduce 程序简介

利用 Java 语言编写 MapReduce 程序,实际思想和利用 Python 并没有区别。不过由于需要进行打包,除了需要了解并继承 Hadoop 写好的父类外,还需要了解调度的相关 API。而这些 API 在 Hadoop Streaming 中已经被集成封装。

本节也通过 Dataset_B 的一个案例对其进行简要介绍。其任务描述为寻找每一天中加速度最大的时间片的加速度值。其中，默认 Dataset_B 已经只剩下日期 Date 和加速度 gridAcc。

Hadoop 1.0.0 后推出了新的 Java API，新旧 API 主要区别在于新 API（org.apache.hadoop.mapreduce）将原来的旧 API（org.apache.hadoop.mapred）中的接口转换为了抽象类。新 API 需要引入的库主要包括如下几种：

```
1. package InputFormat;
2. import java.io.IOException;
3. import org.apache.hadoop.conf.Configuration;
4. import org.apache.hadoop.conf.Configured;
5. import org.apache.hadoop.fs.Path;
6. import org.apache.hadoop.io.Text;
7. import org.apache.hadoop.mapreduce.Job;
8. import org.apache.hadoop.mapreduce.Mapper;
9. import org.apache.hadoop.mapreduce.Reducer;
10. import org.apache.hadoop.mapreduce.lib.input.FileInputFormat;
11. import org.apache.hadoop.mapreduce.lib.output.FileOutputFormat;
12. import org.apache.hadoop.mapreduce.lib.output.TextOutputFormat;
13. import org.apache.hadoop.util.Tool;
14. import org.apache.hadoop.util.ToolRunner;
```

实现上述功能的核心代码如下：

```
1. public class MaxAcc {
2.     static class MaxAccMapper
3.         extends Mapper< LongWritable, Text, Text, IntWritable> {
4.         private static final int MISSING =  9999;
5.         public void map(LongWritable key, Text value, Context context)
6.             throws IOException, InterruptedException{
7.             String line =  value.toString();
8.             String date =  line.substring(0, 7);
9.             int Acc =  Integer.parseInt(line.substring(8));
10.            if (Acc ! =  MISSING) {
11.                context.write(new Text(date), new IntWritable(Acc));
12.            }
13.        }
14.    }
```

```
15.    static class MaxAccReducer
16.        extends Reducer< Text, IntWritable, Text, IntWritable> {
17.        public void reduce(Text key, Iterable< IntWritable> values,
18.            Context context)
19.            throws IOException, InterruptedException{
20.            int maxValue = Integer.MIN_VALUE;
21.            for (IntWritable value : values) {
22.            maxValue = Math.max(maxValue, value.get());
23.            }
24.            context.write(key, new IntWritable(maxValue));
25.        }
26.    }
27.    public static void main(String[] args) throws Exception {
28.        if (args.length ! = 2) {
29.          System.err.println("Usage: MaxAcc < input path> < output path> ");
30.            System.exit(-1);
31.        }
32.        Job job = new Job();
33.        job.setJarByClass(MaxAcc.class);
34.        FileInputFormat.addInputPath(job, new Path(args[0]));
35.        FileOutputFormat.setOutputPath(job, new Path(args[1]));
36.        job.setMapperClass(MaxAccMapper.class);
37.        job.setReducerClass(MaxAccReducer.class);
38.        job.setOutputKeyClass(Text.class);
39.        job.setOutputValueClass(IntWritable.class);
40.        System.exit(job.waitForCompletion(true) ? 0 : 1);
41.    }
42. }
```

其主要代码如上所示。可见，编程主要将程序运行过程分为三个模块：Map、Reduce 和 Main。其中 Map 模块主要功能是形成二元组（Date，maxAcc），并将其传输给 Reducer。Reduce 模块主要功能是将相同日期的二元组进行归约。这里要注意，传输二元组需要利用已有的支持类型。例如在本例中，将日期作为 Text 对象编写，而加速度则包装在 IntWritable 对象中。Main 主要的工作在于对用户使用该 jar 包的格式进行规范，并使用 JobConf 对象，对作业进行规范。对于 JobConf 等对象的具体使用，可参考官方文档[2]。该程序中大部分思路与案例二完全相同，读者可参照 Python 代码对其进行理解。

6.4 本章小结

本章重点介绍了处理海量交通大数据的方法与软硬件资源,并介绍了 Hadoop 分布式计算架构,其能够大幅提高交通大数据的存储和计算效率。首先,介绍了 Hadoop 的整体框架,文件读写方式,以及 Yarn、MapReduce 基本原理与工作流程。然后,重点介绍了 Hadoop 的安装与基本使用步骤与方法。本章通过介绍两种成熟的大数据分析处理架构,结合实际案例,对交通大数据资源的高效利用进行了探索。如何对数据进行建模,选用何种机器学习算法,采用何种计算框架,都应该从数据本身出发,设计最适合的算法与解决方案。

6.5 本章习题

1. Hadoop 框架相对于其他分布式生态系统,有哪些优势?
2. 尝试描述在 Hadoop 运行过程中 Mapper 与 Reducer 是如何配合完成整个工作的。
3. 尝试描述在分布式 Hadoop 中,Yarn 是如何起到资源调度的作用的。
4. 安装单机版与伪分布式 Hadoop,尝试运行示例程序,观察结果。
5. 尝试利用 multifilewc 示例程序,对 Dataset_A 与 Dataset_B 两个文件的 label 字段进行不同 label 的频数统计。
6. 尝试将习题 5 中的程序在 HDFS 上运行。
7. 利用 Hadoop Streaming,实现以下功能:统计各个天数经过该路段车辆速度的方差。
8. 在习题 7 的基础上,输出的方差不统计 label 字段为 1 的时间片。
9. 熟悉 Java 编程的读者,尝试阅读示例代码,利用 Java 编程复现 wordcount 程序。

6.6 参考文献

[1] Dean J, Ghemawat S. MapReduce: Simplified data processing on large clusters [J]. Communications of the ACM, 2008, 51(1): 107-113.
[2] 卢博林斯凯, 史密斯, 雅库伯维奇, 等. Hadoop 高级编程:构建与实现大数据解决方案[M]. 穆玉伟, 靳晓辉, 译. 北京: 清华大学出版社, 2014.
[3] 高彦杰. Spark 大数据处理[M]. 北京: 机械工业出版社, 2014.
[4] Zaharia M, Chowdhury M, Das T, et al. Resilient distributed datasets: A fault-tolerant abstraction for in-memory cluster computing[C]//Proceedings of the 9th USENIX conference on networked systems design and implementation. San Jose, CA: USENIX Association, 2012: 2.

第 7 章

Spark 计算架构

第 6 章介绍了适用于交通大数据的分布式系统架构,并介绍了一种成熟的计算框架 Hadoop。随着技术的不断发展,分布式计算领域不断涌现出新的突破,并催生出了其他新的计算框架。其中,Spark 计算框架脱颖而出,目前,它拥有一个完整的生态系统,应用范围广泛。相比于基于磁盘计算的 Hadoop,Spark 实现了基于内存的计算,且拥有更丰富的 API,极大地提高了计算效率和易用性。Spark 是用于大规模数据的分布式查询和处理引擎,允许用户程序将数据加载到集群内存中用于反复查询,适用于大数据和机器学习,可以更好地应对交通大数据巨量数据积累带来的巨大的数据存储和计算压力。

7.1 Spark 简介

本节将首先简单介绍 Spark 计算系统的发展历程,然后详细讲解 Spark 计算架构,以帮助读者对 Spark 计算框架有一个总体上的认识。

准确地说,Spark 是一个计算框架。Hadoop 包含了计算框架 MapReduce 和分布式文件系统 HDFS,还包括其生态系统的其他系统。Spark 则是 MapReduce 的替代方案,而且兼容 HDFS、Hive 等分布式存储层,可融入 Hadoop 生态系统,以弥补 MapReduce 的不足。

Spark 相比于 Hadoop MapReduce 的优势如下[1]:

(1) 中间结果输出:基于 MapReduce 的计算引擎通常会将中间结果输出到磁盘上,进行存储和容错。而 Spark 将执行模型抽象为通用的有向无环图(Directed Acyclic Graph,DAG),这可以将多阶段(stage)的任务串联或者并行执行,而无须将中间结果输出到 HDFS 中。

(2) 数据格式和内存布局:由于 MapReduce Schema on Read 处理方式导致处理开销大,Spark 抽象出分布式内存存储结构——弹性分布式数据集(Resilient Distributed Dataset,RDD),来进行数据存储。RDD 能支持粗粒度写入操作,但对于读取操作,RDD 可以精确到每条记录。如果数据集一部分丢失,则可以根据"血统"(允许基于数据的衍生过程)对它们进行重建。

(3) 执行策略:MapReduce 在数据 Shuffling 之前花费了大量的时间来排序,Spark

则可减轻上述问题带来的开销。

（4）任务调度的开销：传统的 MapReduce 系统是为了运行长达数小时的批量作业而设计的，在某些极端情况下，提交一个任务的延迟非常高。Spark 采用了时间驱动的类库 Akka 来启动任务，通过线程池复用线程来避免进程或线程启动和切换开销。

（5）多语言支持：Spark 支持通过 Scala、Java、Python 等语言编写程序。它自带了 80 多个算子，同时允许在 Shell 中进行交互计算。用户可以利用 Spark 像书写单机程序一样书写分布式程序。

（6）全栈多计算范式：Spark 支持复杂查询。除了简单的 Map 和 Reduce 操作，还通过加入 Spark Streaming、Spark SQL、SparkMLlib 和 SparkGraphX 等组件扩展了流处理、SQL 交互式查询、机器学习和分布式图处理的功能。用户可以在同一工作流中无缝搭配这些计算范式。

Spark 架构采用了分布式计算中的 Master-Slave 模型，如图 7-1 所示。

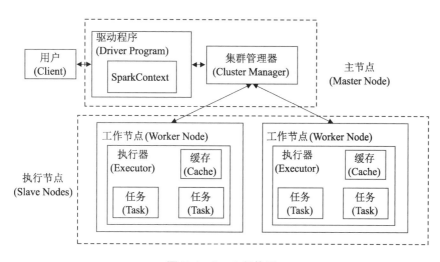

图 7-1　Spark 架构图

每个 Spark 应用在它的驱动程序（Driver Program）里有一个 SparkContext 对象。当用户提交程序到集群上，通过 SparkContext 连接到集群管理器（Cluster Manager）。在 Spark 应用的执行过程中，驱动程序和工作节点（Worker Node）是两个重要角色。驱动程序是应用逻辑执行的起点，负责作业的调度，即任务（Task）的分发；而多个工作节点用来管理计算节点、创建执行器（Executor）并行处理任务。在执行阶段，驱动器会将任务及其依赖的 file 和 jar 序列化后传递给对应的工作节点机器，同时执行器对相应数据分区的任务进行处理。

接下来，具体介绍其中的重要概念：

（1）集群管理器：Spark 使用集群管理器来获得执行器所需要的集群资源，能跨应用从底层调度集群资源，可以让多个应用分享集群资源并且运行在同一个工作节点上。Spark 目前支持三种集群管理模式：Yarn 模式、Mesos 模式和 Standalone（独占）

模式。Mesos 模式和 Yarn 模式都允许在同一个工作节点上同时运行 Spark 应用和 Hadoop 应用。

（2）工作节点：包括主节点和从节点，其中主节点负责管理所有从节点。主节点提交应用，集群管理器将把 Spark 应用处理为分布式进程并在集群的工作节点上执行，然后在主节点上归约集群所有工作节点的计算结果。

（3）驱动程序：驱动程序是一个把 Spark 当成库使用的应用程序，提供了数据处理的代码，Spark 将在工作节点上执行这些代码。一个驱动程序可以在 Spark 集群上启动一个或多个作业（Job）。

（4）执行器：执行器是一个 JVM（Java Virtual Machine，Java 虚拟机）进程，对于一个应用由 Spark 在每一个工作节点上创建。它可以以多线程的方式并发执行应用代码，也可以把数据缓存在内存或硬盘中。执行者的生命周期和创建它的应用一样，一旦 Spark 应用结束，那么为它创建的执行者也将终止。

（5）任务：任务是 Spark 发送给执行器的最小工作单元，运行在工作节点上执行器的一个线程中。每一个任务都执行一些计算，然后将结果返回给驱动程序，或者分区以用于 Shuffle 操作。Spark 为每一个数据分区创建一个任务，一个执行器可以并发执行一个或多个任务，任务数量由分区的数量决定。

目前，Spark 已经发展成为包含众多子项目的大数据计算平台。用户可以在一个统一框架下，处理多种不同的分布式场景，如图 7-2 所示。

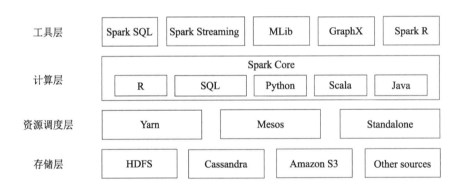

图 7-2　Spark 生态系统

下面简要介绍 Spark 生态系统中的基本概念：

（1）Spark Core：整个生态系统的核心组件，提供多种资源调度管理，通过内存计算、有向无环图等机制保证分布式计算的快速，并引入了 RDD 的抽象保证数据的高容错性。Spark Core 提供了多种运行模式，不仅可以使用自身运行模式处理任务，如本地模式、Standalone，而且可以使用第三方资源调度框架来处理任务，如 Yarn、Mesos 等。

（2）Spark SQL：提供通过 Apache Hive 的 SQL 变体 Hive 查询语言（HiveQL）与 Spark 进行交互的 API。每个数据库表被当作一个 RDD，Spark SQL 查询被转换为

Spark 操作。

（3）Spark Streaming：对实时数据流进行处理和控制。Spark Streaming 允许程序像普通 RDD 一样处理实时数据。

（4）MLib：一个常用机器学习算法库，算法被实现为对 RDD 的 Spark 操作。这个库包含可扩展的学习算法，比如分类、回归等需要对大量数据集进行迭代的操作。

（5）GraphX：控制图、并行图操作和计算的一组算法和工具的集合。GraphX 扩展了 RDD API，包含控制图、创建子图、访问路径上所有顶点的操作。

Spark 为开发用于集群并行执行的程序提供了一条捷径。具体而言，通过封装，Spark 不需要开发者关注如何在分布式系统上编程这样的复杂问题，也无须过多关注网络通信和程序容错性。Spark 已经提供了足够的接口来快速实现常见的任务，以及对应用进行监视、审查和性能调优。其 API 模块化的特性（基于传递分布式的对象集）使得利用程序库进行开发以及本地测试大大简化。

正是因为 Spark 提供了丰富的功能，容易学习和使用，并且成熟稳定，越来越多的人才选择使用 Spark 来开发他们的交通数据处理应用。

接下来，将从实际应用角度，用 PySpark 编程介绍 Spark 计算。

7.2 Spark 操作基础

Spark 环境本身使用 Scala 语言编写，运行在 Java 虚拟机上，所以运行 Spark 前需要先安装 Java 1.8（或更新的版本）。读者可以参考本书配套的 Spark 安装与配置帮助文档及安装资源。

本节主要介绍 Spark 对数据的核心抽象，重点讲解 RDD 中的转化操作和行动操作，随后介绍对数据库数据进行读取和查询操作的 Spark SQL，最后探讨 Spark 分区与并行。

7.2.1 RDD 基础

弹性分布式数据集（RDD）表示一个关于分区数据元素的集合，我们可以在其上进行并行操作[2]。其有两个主要特点：①RDD 是一种不可变的数据结构，一旦创建，它将不可以在原地修改。修改 RDD 的操作都会返回一个新的 RDD。②RDD 表示的一组数据的分区分布在集群中的不同节点上。RDD 可以包含 Python、Java、Scala 中任意类型的对象，甚至可以包含用户自定义的对象。它是 Spark 的核心数据结构，利用 RDD 的依赖关系可形成 Spark 的调度顺序，Spark 任务处理流程示意图如图 7-3 所示：

图 7-3 中涉及的操作和算子将在下文中详细介绍。

用户可以使用两种方法创建 RDD：

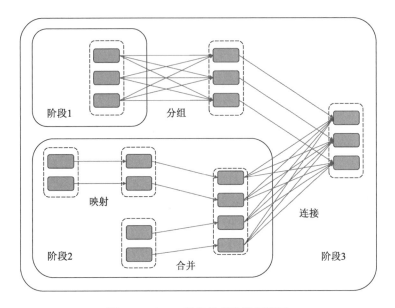

图 7-3 Spark 任务处理流程示意图

一是读取外部数据集，使用 SparkContext.textFile()［简称为 sc.textFile()］。假设有一个文件 speed.csv，其保存了四辆车的类型和车速信息（单位为 km/h），文件中数据如表 7-1 所示。sc.textFile()方法会按行对文本文件进行读取，生成一个 RDD，此时如果使用 collect 算子，则每行作为数组的一个元素输出。

表 7-1 车辆类型及其速度信息

Car	67
Truck	43
Car	72
Truck	49

```
1. # 创建 SparkContext 对象
2. from pyspark import SparkConf, SparkContext
3. conf = SparkConf().setMaster("local").setAppName("test")
4. sc = SparkContext(conf = conf)
5. # 读取数据
6. raw = sc.textFile("speed.csv")
7. raw.collect()
8. # 输出：['Car,67', 'Truck,43', 'Car,72', 'Truck,49']
```

二是在驱动程序里分发驱动程序中的对象集合（比如 List 和 Set），使用 sc.parallelize()，示例如下：

```
9. rdd = sc.parallelize([("Car", 67), ("Truck", 43), ("Car", 72),("Truck", 49)])
10. rdd.collect()
11. # 输出：[("Car", 67), ("Truck", 43), ("Car", 72),("Truck", 49)]
```

创建出来后，RDD 支持两种类型的操作：转化（Transformation）操作和行动（Action）

操作。一方面,转化操作会由一个 RDD 生成一个新的 RDD。该操作是延迟计算的,也就是说从一个 RDD 转化生成另一个 RDD 的操作不是马上执行,而是需要等到有行动操作时才真正触发。另一方面,行动操作会触发 Spark 提交作业,对 RDD 计算出一个结果,并把结果返回到驱动器程序中,或把结果存储到外部存储系统(如 HDFS)中。

这揭示了 Spark 的"惰性"工作机制。一旦 Spark 了解了完整的转化操作链之后,它就可以只处理计算中真正需要的数据。例如,行动操作 first 算子中,Spark 只需要扫描文件直到找到第一个匹配的行为止,而不需要读取整个文件,从而体现"惰性"的优势。

默认情况下,Spark 的 RDD 会在每次对它们进行行动操作时重新计算。如果想在多个行动操作中重用同一个 RDD,可以使用 RDD. persist()让 Spark 把这个 RDD 缓存下来。第一次计算了这个需要持久化的 RDD 之后,Spark 会把它的内容保存到内存中(以分区方式存储到集群中的各机器上),方便在之后的行动操作中重用数据,也可以把 RDD 缓存到磁盘上而不是内存中[3]。

7.2.2 RDD 常用转化及行动操作

本节将对常用的转化和行动操作算子进行介绍。

● 转化操作

常用的转化操作算子包括 map、flatMap、filter、groupByKey、reduceByKey 和 distinct。

(1) map:map 算子将 RDD 的每一行作为输入,并按照传入的函数生成新的 RDD。例如,要将读入的每行数据按逗号分开,可使用以下代码:

```
1. data =  raw.map(lambda x: x.split(','))
2. data.collect()
3. # 输出: [['Car', '67'], ['Truck', '43'], ['Car', '72'], ['Truck', '49']]
```

在此种情况下,显然使用匿名函数较为简便。当需要进行复杂运算时,单独定义处理函数可以提升代码的可读性。假如需要将车速单位由 km/h 转换为 m/s,并生成一个新的字段,可由以下代码实现:

```
1. def trans_speed(line):
2.     car_type, speed =  line
3.     speed_new =  float(speed) / 3.6
4.     return (car_type, speed, speed_new)
5. data =  data.map(trans_speed)
6. data.collect()
7. # 输出:
   [('Car', '67', 17.6111), ('Truck', '43', 11.9445), ('Car', '72', 20.0000), ('Truck', '49', 13.6111)]
```

（2）flatMap：假如传入函数返回值为一个 List，map 算子会把该 List 整体作为 RDD 的一个元素，而 flatMap 算子则会将返回的每个 List 拆分，List 中每个元素作为输出 RDD 中的新的元素，一般经过 flatMap 后，RDD 的元素数会增多。

下面自定义的 clone_data 函数会将每条记录复制一份，在此基础上展示 flatMap 函数和 map 函数的差异：

```
1. def clone_data(line):
2.     return [line, line]
3. data.map(clone_data).collect()
4. # [[('Car', '67', 17.6111), ('Car', '67', 17.6111)], [('Truck', '43', 11.9445),
   ('Truck', '43', 11.9445)], [('Car', '72', 20.0000), ('Car', '72', 20.0000)], [('Truck',
   '49', 13.6111), ('Truck', '49', 13.6111)]]
5. data.flatMap(clone_data).collect()
6. # 输出结果相对于 map 命令少了中间层方括号：
   [('Car', '67', 17.6111), ('Car', '67', 17.6111), ('Truck', '43', 11.9445), ('Truck',
   '43', 11.9445), ('Car', '72', 20.0000), ('Car', '72', 20.0000), ('Truck', '49', 13.
   6111), ('Truck', '49', 13.6111)]
```

（3）filter：filter 算子可以根据某些规则对数据进行筛选，此函数的输入为 RDD 中的每个元素。例如以下代码可以筛选出类型为 Car 的记录：

```
1. car_record = data.filter(lambda x: x[0]== 'Car')
2. car_record.collect()
3. # 输出：[('Car', '67', 17.6111), ('Car', '72', 20.0000)]
```

（4）groupByKey：当我们需要对数据按照某个字段进行分组操作时，需要先将数据构造为（Key，Value）这种键值对的形式。groupByKey 算子会根据 Key，将 RDD 重整为（Key，Iterable）的形式，其中 Iterable 可理解为原始 RDD 中 Key 相同记录的 Value 聚合起来的 List。之后配合 map 算子或 flatMap 算子，对每个 Iterable 对象进行处理。

以统计每类车辆的平均车速为例：

```
1. def cal_mean(line):
2.     car_type, arr = line
3.     total = 0
4.     num = 0
5.     for val in arr:
6.         total += val[1]
7.         num += 1
8.     return (car_type, total / num)
9. mean_speed_tmp = data.map(lambda x: (x[0], (x[1], x[2])))
```

```
10. mean_speed = mean_speed_tmp.groupByKey().map(cal_mean)
11. mean_speed.collect()
12. # 输出: [('Car', 19.3056), ('Truck', 12.7778)]
```

（5）reduceByKey：reduceByKey算子需要传入一个reduce函数，对每个Key对应的值进行归约操作，一个符合规则的reduce函数具有两个相同类型的输入参数，且其输出与输入参数类型是相同的。归约是一个不断聚合的过程，最后返回一个值。例如，要对每辆车的记录数量进行统计，可使用以下代码：

```
1. data.map(lambda x: (x[0], 1)).reduceByKey(lambda x, y: x + y).collect()
2. # 输出: [('Car', 2), ('Truck', 2)]
```

（6）distinct：distinct算子用于取唯一值。例如计算各类型车辆的记录数可使用以下代码：

```
1. data.map(lambda x: x[0]).distinct().collect()
2. # 输出: ['Car', 'Truck']
```

（7）连接：Spark中有多种连接方式，总结如表7-2所示。

表 7-2　RDD 连接方式

连接方式	说明
join	内连接
leftOuterJoin	左外连接
rightOuterJoin	右外连接
union	联合

● 行动操作

下面介绍常见的行动操作算子：

（1）collect：collect算子执行计算过程，并将整个RDD返回到驱动程序，一般输出形式是一个List。

（2）take：take算子输出RDD中指定数量的元素。

（3）count：count算子返回RDD的大小。

（4）first：first算子返回第一个元素。

（5）countByKey：countByKey算子计算键值对形式RDD每个Key的数量。

（6）reduce：reduce算子与转化操作中的reduceByKey类似，但此处算子对全部数据进行reduce操作，而不根据Key进行区分。

（7）saveAsTextFile：saveAsTextFile算子用于保存为纯文本文件。Spark还支持保存为其他类型文件，可查阅官方文档。

对以下两个RDD进行基本的行动操作，具体结果如表7-3所示。

```
1. rdd1 = sc.parallelize([1,2,3,3])
2. rdd2 = sc.parallelize([['car',67],['truck',43],['car',72],['truck',49]])
```

表 7-3 RDD 行动操作

函数名	功能	示例	结果
collect()	所有元素	rdd1.collect()	[1,2,3,4]
count()	元素个数	rdd1.count()	4
first()	返回第一个元素	rdd1.first()	1
countByKey()	计算键值对形式 RDD 每个 Key 的数量	rdd2.countByKey()	{'car': 2, 'truck': 2}
countByValue()	各元素在 RDD 中出现的次数	rdd1.countByValue()	{1: 1, 2: 1, 3: 2}
reduce()	对 RDD 中的所有数据求和	rdd1.reduce(lambda x,y: x+y)	9
saveAsTextFile()	保存为纯文本文件	rdd2.saveAsTextFile('car')	car 命名的文档，内部 part-0000* 命名的文本

其他转化操作和行动操作请参考 Spark 的官方文档[3]。

7.2.3 Spark SQL

Spark SQL 是 Spark 用来操作结构化数据的程序包。通过 Spark SQL，我们可以使用 SQL 语句直接对数据库进行访问，进行读取和查询的操作。Spark SQL 还支持开发者将 SQL 和传统的 RDD 编程的数据操作方式相结合，不论是使用 Python、Java 还是 Scala，开发者都可以在单个的应用中同时使用 SQL 进行复杂的数据分析[4]。其中第一步工作是创建 Spark SQL 环境，代码如下：

```
1. from pyspark.sql import SQLContext
2. sqc = SQLContext(sc)
```

用户可以使用两种方式读取数据。

这里还是以上面提到的 speed.csv 数据为例进行说明，在数据中增加一行作为表头，内容为"car_type,speed"，保存为 speed-tmp.csv 文件。

第一种方式是从数据库中读取数据：假设 speed-tmp.csv 文件中的数据已经储存在数据库环境中，可使用如下方式，用 SQL 查询语句对数据库中的数据进行读取。

```
1. data = sqc.sql("SELECT name, score from student")
```

第二种方式是从文件中读取，即直接读取 speed-tmp.csv 文件，读取后的格式为 DataFrame。

```
2. df = sqc.read.load("speed-tmp.csv", format= "csv", inferSchema= "true", header= "true")
```

其中，InferSchema 设置为"true"，让框架来推断 csv 文件的数据类型；header 为 "true"表示该 csv 文件的第一行为表头。

常用的一些 Spark SQL 操作如下所示：

（1）选择某些列

```
1. new_df = df.select('speed')
2. new_df.show()
3. # + - - - - - +
4. # |speed|
5. # + - - - - - +
6. # |   67|
7. # |   43|
8. # |   72|
9. # |   49|
10.# + - - - - - +
```

（2）创建新列

将车辆类型转换为数值标记：

```
1. from pyspark.sql.functions import when
2. df1 = df.withColumn("typeID", when(df.car_type= = 'Truck', 0).otherwise(1))
3. df1.show()
4. # + - - - - - - - + - - - - - + - - - - - - +
5. # |car_type|speed|typeID|
6. # + - - - - - - - + - - - - - + - - - - - - +
7. # |     Car|   67|     1|
8. # |   Truck|   43|     0|
9. # |     Car|   72|     1|
10.# |   Truck|   49|     0|
11.# + - - - - - - - + - - - - - + - - - - - - +
```

（3）过滤

筛选车辆类型为"Truck"的记录：

```
1. df1.filter(df1.typeID= = 0).show()
2. # + - - - - - - - + - - - - - + - - - - - - +
3. # |car_type|speed|typeID|
4. # + - - - - - - - + - - - - - + - - - - - - +
5. # |   Truck|   43|     0|
6. # |   Truck|   49|     0|
7. # + - - - - - - - + - - - - - + - - - - - - +
```

（4）分组操作

对不同车辆类型车速求均值，并重命名列名：

```
1. aveSpeed = df1.groupBy("car_type").mean("speed")    # 分组求均值
2. aveSpeed1 = aveSpeed.withColumnRenamed("avg(speed)", "aveSpeed") # 重命名
3. aveSpeed1.show()
4. # + - - - - - - - - + - - - - - - - - +
5. # |car_type|aveSpeed|
6. # + - - - - - - - - + - - - - - - - - +
7. # |     Car|    69.5|
8. # |   Truck|    46.0|
9. # + - - - - - - - - + - - - - - - - - +
```

（5）删除列

```
1. df1 = df1.drop("typeID")
2. df1.show()
3. # + - - - - - - - - + - - - - - +
4. # |car_type|speed|
5. # + - - - - - - - - + - - - - - +
6. # |     Car|   67|
7. # |   Truck|   43|
8. # |     Car|   72|
9. # |   Truck|   49|
10. # + - - - - - - - - + - - - - - +
```

（6）自定义函数

有时我们需要使用自定义函数（User Defined Function，UDF）对 DataFrame 中的列进行处理。例如，使用 UDF 将速度值单位转换为 m/s。

```
1. from pyspark.sql.functions import udf, col
2. # 使用 UDF 将速度值单位转换为 m/s
3. trans_udf = udf(lambda x: x / 3.6)
4. # 将表头为"speed"列复制为表头为"speed_new"新列
5. df2 = df1.withColumn("speed_new", trans_udf(col("speed")))
6. # + - - - - - - - - + - - - - - + - - - - - - - - - +
7. # |car_type|speed|speed_new|
8. # + - - - - - - - - + - - - - - + - - - - - - - - - +
9. # |     Car|   67|  17.6111|
10. # |   Truck|   43|  11.9445|
11. # |     Car|   72|  20.0000|
12. # |   Truck|   49|  13.6111|
13. # + - - - - - - - - + - - - - - + - - - - - - - - - +
```

（7）表连接

若要对两个 DataFrame 进行连接，可使用以下代码：

```
1. # 选择 car_type 列进行连接操作
2. df_join= df1.join(aveSpeed1, ["car_type"])
3. df_join.show()
4. # +--------+-----+--------+
5. # |car_type|speed|aveSpeed|
6. # +--------+-----+--------+
7. # |     Car|   67|    69.5|
8. # |   Truck|   43|    46.0|
9. # |     Car|   72|    69.5|
10. # |   Truck|   49|    46.0|
11. # +--------+-----+--------+
```

本节介绍了 Spark 利用 Spark SQL 进行结构化数据处理的方式，根据数据的结构信息利用 Spark SQL 对查询进行优化。有关 Spark SQL 的更多介绍请参考官方文档[5]。

7.2.4 Spark 分区与并行

上述内容讨论了 RDD 常用的转化操作、行动操作以及 Spark SQL，但是还没有探讨 Spark 的分区与并行。简单来讲，每个 RDD 都有指定数目的分区，分区数决定了在 RDD 上执行操作时的并行度。

● 数据分区

分区是 RDD 内部并行计算的一个计算单元。RDD 的数据集在逻辑上被划分为多个分片，每一个分片称为分区，分区的格式决定了并行计算的粒度，而每个分区的数值计算都是在一个任务中进行的，因此任务的个数，也是由 RDD（准确来说是作业最后一个 RDD）的分区数决定的。

假如使用哈希分区将一个 RDD 分成和计算核心数目相等的 10 个分区，此时键的哈希值对 10 取模结果相同的记录会被放在一个节点上。在 PySpark 中，只需要用 rdd.partitionBy(10) 把需要的 10 个分区数传递过去。把一个特定的哈希函数作为一个额外的参数传给 rdd.partitionBy() 函数可自定义分区方式。

```
1. from urllib import parse
2. def hash_domain(url):
3.     return hash(parse.urlparse(url).netloc)
4. rdd.partitionBy(10, hash_domain)    # 创建 10 个分区
```

注意，这里传入的哈希函数会与其他 RDD 的分区函数区分开来。如果我们想要对

多个 RDD 使用相同的分区方式,就应该使用同一个函数对象,比如一个全局函数,而不是为每个 RDD 创建一个新的函数对象。

假设我们读取了大量数据并需要进行 filter() 操作。默认情况下,filter() 返回的 RDD 的分区数和其父节点一样,因此可能会产生很多数据量很少,甚至为空的分区。在这样的情况下,通过合并分区可以提高应用性能。

以下两个函数可以用来重新调整数据分布:重新分区操作通过 repartition() 实现,该操作会把 RDD 随机打乱并分成设定的分区数目。若确定要减少 RDD 分区,则可以使用 coalesce() 操作,此操作不会打乱数据,相比 repartition() 更为高效。

- **Spark 并行度**

Spark 并行度是指一个阶段中并行执行的任务数量,由于一个任务线程只能执行一个 RDD Partition 分区,因此,Spark 并行度与 Spark 作业执行性能息息相关。

并行度会从以下两方面影响程序的性能:当并行度过低时,则无法发挥集群的并行计算能力,还有可能出现内存溢出的异常;当并行度过高时,就会产生大量的任务启动和切换开销。Spark 官方推荐每个 CPU 内核分配 2~3 个任务。

Spark 会根据文件大小自动设置 Map 操作的任务数量(尽管也可以通过 SparkContext.textFile 等的参数来控制它)。而对于 Reduce 操作,默认使用父 RDD 的最大分区数量。对此,Spark 提供了两种方法进行并行度调优。第一种方法是通过配置 spark.default.parallelism 参数更改默认值。假如设置并行度为 15,那么可以在创建 SparkConf 的时候使用 spark.default.parallelism 参数这样操作:

```
1. # spark.default.parallelism 默认是没有值的,如果设置值为 15,在 Shuffle 的过程才会起作用
2. conf = SparkConf().set("spark.default.parallelism", "15")
```

第二种方法是在写函数的过程中,通过函数参数进行配置。

```
1. from operator import add
2. rdd = sc.parallelize([("Car", 1), ("Truck", 1), ("Car", 1)])
3. sorted(rdd.reduceByKey(add, numPartitions= 2).collect())
4. # 输出: [('Car', 2), ('Truck', 1)]
```

它们的本质都是通过控制 Shuffle 过程的默认任务数量。

7.3 Spark 在解决交通问题中的应用

本节主要介绍 Spark 在交通问题中的应用,首先应用 Spark 对交通大数据进行特征提取,随后通过监督学习和无监督学习两个机器学习案例讲解如何使用 Spark 进行并行机器学习,最后给出了单线程处理方法以供读者参考对比。

7.3.1 特征提取

《交通大数据：理论与方法》一书介绍了交通大数据的时空特征提取以及特征处理方法，而随着 5G 通信的普及和车载设备的更新换代，可采集的数据会越来越多，仅一个城市每小时的公共汽车数据就可能达到 TB 级别，普通的单机无法运行这种量级的数据，这时候就需要使用 Hadoop、Spark 分布式大数据计算框架。因此，该书使用 PySpark 进行分布式时空数据分析的特征提取，并继续使用 DATASET-A.csv 数据集，以此来展现单机处理和分布式处理的不同，更详细的处理过程可以参考《交通大数据：理论与方法》一书。

- 导包和输入原始的网约车轨迹数据

```
1. from pyspark.sql import SQLContext
2. from pyspark import SparkContext
3. from utm import *
4. from coordTransform_utils import *   # 缺此包，
   https://github.com/wandergis/coordTransform_py 下载
5. import time
6. import numpy as np
7. sc = SparkContext()
8. sqc = SQLContext(sc)
9. raw_data = sc.textFile('DATASET-A.csv').map(lambda line: line.split(','))
```

- 空间坐标系转换

```
1. # 筛选研究区域
2. def filterRegion(line):
3.     driver_id, order_id, time, lon, lat = line
4.     return (lon > left_geo) & (lon < right_geo) & (lat < up_geo) & (lat > down_geo)
5. # 转换坐标
6. def x(a):
7.     return gcj02_to_wgs84(a[0], a[1])# 火星坐标系转 WGS84 坐标系
8. def y(a):
9.     return from_latlon(a[1], a[0])# WGS84 坐标系转 UTM(Universal Transverse Mercator,通用横轴墨卡托)坐标系
10. def xy(a):
11.     return [y(x(a))[0], y(x(a))[1]]
12. # 转换坐标
```

```
13. def transform(line):
14.    driver_id, order_id, time, lon, lat = line
15.    y, x = xy([lon, lat])
16.    return driver_id, order_id, time, lon, lat, x, y
17. # 转换数据格式
18. def transformFormat(line):
19.    driver_id, order_id, time, lon, lat = line
20.    return driver_id, order_id, int(time), float(lon), float(lat)
21. left_geo = 104.081083    # 设置左边界
22. right_geo = 104.111122   # 设置右边界
23. up_geo = 30.674219       # 设置上边界
24. down_geo = 30.653965     # 设置下边界
25. raw_data = raw_data.map(transformFormat)   # 转换数据格式
26. raw_data = raw_data.filter(filterRegion)   # 筛选研究区域内的数据
27. raw_data = raw_data.map(transform)         # 转换坐标
```

● 时空单元划分

```
1. # 生成时间网格 ID
2. def gerTimeId(line):
3.    driver_id, order_id, time, lon, lat, x, y = line
4.    time_id = int((time - curr_day) // time_interval)
5.    return driver_id, order_id, time, lon, lat, x, y, time_id
6. dd = 20161101
7. curr_day = time.mktime(time.strptime(str(dd), "%Y%m%d")) # 当前天零时时间戳
8. time_interval= 600                  # 时间窗长度
9. raw_data = raw_data.map(gerTimeId)  # 生成时间网格 ID
10. # 获得左边界,上边界坐标
11. left = raw_data.map(lambda x: x[5]).reduce(lambda x, y: min(x, y)) #
    3391881.6751545155
12. up = raw_data.map(lambda x: x[6]).reduce(lambda x, y: max(x, y))   #
    414611.4854028653
13. # 网格划分
14. def gerGridId(line):
15.    driver_id, order_id, time, lon, lat, x, y, time_id = line
16.    row_id = int((up - y) // interval)
17.    col_id = int((x - left) // interval)
18.    return driver_id, order_id, time, lon, lat, x, y, time_id, row_id, col_id
```

```
19. interval = 70 # 网格单元大小
20. raw_data = raw_data.map(gerGridId)    # 获取空间网格坐标
```

- **时空特征提取**

(1) 个体特征计算——瞬时车速

```
1.  import math
2.  # 构造 key-value,将司机 id 作为 key
3.  def gerDriverTraj(line):
4.    driver_id, order_id, time, lon, lat, x, y, time_id, row_id, col_id= line
5.    return (driver_id, [[order_id,time,lon,lat,x,y,time_id,row_id,col_id]])
6.  # 计算瞬时车速
7.  def getSpeed(line):
8.    driver_id, trajArr = line
9.    trajArr = sorted(trajArr, key= lambda x: x[1])
10.   resultArr = []
11.   for i in range(1, len(trajArr)):
12.     time_before, x_before, y_before= trajArr[i-1][1], trajArr[i-1][4],
    trajArr[i-1][5]
13.     order_id, time, lon, lat, x, y, time_id, row_id, col_id = trajArr[i]
14.     timeSpent = time - time_before   # 轨迹点时间间隔
15.     speed = math.sqrt((x-x_before)**2+ (y-y_before)**2)/timeSpent # 车速
16.     resultArr.append([driver_id, order_id, time, lon, lat, x, y, time_id, row_
    id, col_id, speed])
17.    return resultArr
18. trajAgg = raw_data.map(gerDriverTraj).reduceByKey(lambda x, y: x+ y)   # 将每
    个司机的轨迹放进同一个列表(list)中
19. speed_rdd = trajAgg.flatMap(getSpeed)    # 计算瞬时车速,并将每个司机的轨迹
    分离
20. speed_rdd.saveAsTextFile('dataWithSpeed')  # 保存为文本文件
```

(2) 个体特征集计——网格平均速度 v_{ins}

```
1. from ast import literal_eval
2. speed_rdd = sc.textFile('dataWithSpeed').map(literal_eval) # 读取文本文件
3. """计算网格平均速度"""
4. # 构造 key-value,以(司机 id,行号,列号,时间网格)分组
5. def getOrderGroupKey(line):
6.   driver_id, order_id, time, lon, lat, x, y, time_id, row_id, col_id, speed
    = line
```

7.　　return ((driver_id, row_id, col_id, time_id), speed)
8. # 计算每辆车在同一网格下的平均速度
9. def getAveSpeed1(line):
10.　　(driver_id, row_id, col_id, time_id), speed_list = line
11.　　aveSpeed = sum(speed_list) / len(speed_list)
12.　　return ((row_id, col_id, time_id), aveSpeed)
13. # 再次求平均,获得网格平均速度
14. def getAveSpeed2(line):
15.　　ind, speed_list = line
16.　　aveSpeed = sum(speed_list) / len(speed_list)
17.　　return (ind, aveSpeed)
18. aveSpeed = speed_rdd.map(getOrderGroupKey)\
19.　　　　　　.groupByKey().map(getAveSpeed1)\
20.　　　　　　.groupByKey().map(getAveSpeed2)

（3）个体特征集计——网格速度标准差 std_v、网格浮动车流量 q_{grid} 和网格平均停车次数 $stop_{grid}$

1. # 构造 key-value,以(行号,列号,时间网格)分组
2. def getGridGroupKey(line):
3.　　driver_id, order_id, time, lon, lat, x, y, time_id, row_id, col_id, speed = line
4.　　return ((row_id, col_id, time_id), (driver_id, speed))
5. def getGridPara(line):
6.　　ind, valArr = line
7.　　driverList = [x[0] for x in valArr]
8.　　speedList = [x[1] for x in valArr]
9.　　speed_std = np.std(speedList)　# 车速标准差
10.　　volume = len(np.unique(driverList)) # 网格浮动车流量
11.　　stopNum = sum([1 if x==0 else 0 for x in speedList]) / volume # 网格平均停车次数
12.　　return (ind, (volume, speed_std, stopNum))
13. gridPara = speed_rdd.map(getGridGroupKey)\
14.　　　　　　.groupByKey().map(getGridPara)

（4）个体特征集计——网格自由流车速 v_f

1. # 构造 key-value,以(行号,列号)分组
2. def getGroupKey(line):
3.　　driver_id, order_id, time, lon, lat, x, y, time_id, row_id, col_id, speed = line

```
4.    return ((row_id, col_id), speed)
5. def getFreeSpeed(line):
6.    ind, speed_list = line
7.    freeSpeed = max(speed_list) # 网格自由流车速
8.    return (ind, freeSpeed)
9. freeSpeed = speed_rdd.map(getGroupKey).groupByKey().map(getFreeSpeed)
```

● 将提取的各项特征数据合并输出保存

```
1. # 网格平均车速与其他参数 rdd 连接
2. def speedJoinGridPara(line):
3.    (row_id, col_id, time_id), (aveSpeed, (volume, speed_std, stopNum))= line
4.    return ((row_id, col_id), (time_id, aveSpeed,volume, speed_std,stopNum))
5. # 再与网格自由流车速连接
6. def featureJoinFree(line):
7.    (row_id, col_id), ((time_id, aveSpeed, volume, speed_std, stopNum),
      freeSpeed) = line
8.    return (row_id, col_id, time_id, aveSpeed, volume, speed_std, stopNum,
      freeSpeed)
9. features = aveSpeed.fullOuterJoin(gridPara).map(speedJoinGridPara)
10. features = features.leftOuterJoin(freeSpeed).map(featureJoinFree)
11. def changeFormat(line):
12.   row_id, col_id, time_id, aveSpeed, volume, speed_std, stopNum, freeSpeed
      = line
13.   return row_id, col_id, time_id, float(aveSpeed), float(volume),\
14.          float(speed_std), float(stopNum), float(freeSpeed)
15. features = features.map(changeFormat) # Spark 无法识别 numpy 的浮点类型,转换
    为原生浮点类型
16. sqc.createDataFrame(features, ['time_id', 'row_id', 'col_id',
17.                   'aveSpeed', 'volume', 'speed_std',
18.                   'stopNum', 'freeSpeed']).orderBy('time_id').repartition(1).
    write.csv('features.csv')
```

经过以上五步的 PySpark 数据分析后,我们已经得到网格化处理后的网约车轨迹数据,并提取出了很多与网约车相关的二级特征,得到表 7-4,该表中各字段的定义为：row(行号)、col(列号)、v_{ins}(网格平均速度)、time(时间网格 ID)、q_{grid}(网格浮动车流量)、std_v(网格速度标准差)、$stop_{grid}$(网格平均停车次数)、v_f(网格自由流车速)。

运行环境：i5-8300U CPU@ 2.3 GHz，16 G 内存。以上代码耗时(10 分钟)。

表 7-4 使用 PySpark 处理网约车轨迹数据 10 分钟网格化特征

编号	row	col	time	v_{ins}	q_{grid}	std_v	$\text{stop}_{\text{grid}}$	v_{f}
0	0	4	1	3.62	1	1.59	0	12.74
1	0	4	5	7.66	1	0	0	12.74
2	0	4	93	1.80	1	3.04	7	12.74
…	…	…	…	…	…	…	…	…
10 356	41	14	95	4.89	1	0	0	6.83
10 357	41	14	115	4.65	1	1.64	0	6.83

7.3.2 并行机器学习方法

Spark.ml 提供机器学习函数的库，专门针对集群上并行运行的情况而设计的。Spark.ml 包含许多机器学习算法，它们可以在 Spark 支持的所有编程语言中使用。Spark.ml 由一些通用的学习算法和工具组成，包括分类、回归、聚类、降维。本节介绍监督学习和无监督学习两个并行案例，机器学习案例的分析与处理并不是本书的重点，更多内容读者可以参考《交通大数据：理论与方法》一书。

● 监督学习——分类任务

《交通大数据：理论与方法》已经介绍过线性模型的相关算法，并使用 Logistic 回归处理了网格拥堵程度分类的案例，本节将使用 Spark.ml 库中的 LogisticRegression 模块对该案例进行并行处理，使用的数据集 DATASET-B.csv 与网格拥堵程度分类案例的数据集相同。

Spark 中的机器学习接口许多使用了 DataFrame 的数据结构，因此首先创建 SQLContext。

```
1. from pyspark import SparkContext, SQLContext, SparkConf
2. from pyspark.ml.feature import MinMaxScaler
3. from pyspark.ml.classification import LogisticRegression
4. from pyspark.ml.linalg import Vectors
5. from pyspark.sql.functions import col
6. from pyspark.ml.evaluation import MulticlassClassificationEvaluator
7. import time
8. conf = SparkConf().setMaster("local[8]").setAppName("parallel_machine_learning")
9. sc = SparkContext(conf= conf)
10. sqc = SQLContext(sc)
```

读入数据，并整理数据结构，为之后的预处理提供方便。

```
1. # 读入数据
2. input_data = sc.textFile("./DATASET-B.csv").map(lambda x: x.split(','))
3. header = input_data.first()   # 获取行首
4. input_data = input_data.filter(lambda x: x! = header) # 删除行首
5. input_data = input_data.filter(lambda x: x[8]= = "20161101")
6. # 转换数据类型
7. input_data = input_data.map(lambda x: [float(x[3]), float(x[7]), int(x[9])])
8. # 将数据转换为标签,特征的形式,特征采用 dense vector 存储
9. input_data = input_data.map(lambda x: (x[-1], Vectors.dense(x[:2])))
10. scaled_data = sqc.createDataFrame(input_data, ['label', 'features']) # 将 rdd
    转换为 DataFrame
```

对数据进行简单的预处理,包括规范化,以及创建索引列。

```
1. # 规范化数据
2. scaler = MinMaxScaler(inputCol = 'features', outputCol = 'newFeatures').fit
   (scaled_data)
3. scaled_data = scaler.transform(scaled_data)
4. cols = scaled_data.columns   # 创建索引列
5. scaled_data = scaled_data.rdd.zipWithIndex().map(lambda row: (row[1],) +
   tuple(row[0])).toDF(["index"] + cols)
```

根据索引列,分割测试集和训练集。

```
1. # 分割训练集和测试集
2. sampleSize = input_data.count()
3. trainSize = int(sampleSize * 0.8)
4. trainPartition = 1   # 设置训练集分区数,取值 1,2,3,4,5,6,7,8
5. train = scaled_data.filter(col('index') < trainSize).repartition
(trainPartition)
```

训练模型,并输出训练耗时。

```
1. train_start = time.time()
2. # 训练 Logistic 模型,指定特征列和标签列
3. lgr = LogisticRegression(featuresCol= "newFeatures", labelCol= "label")
4. lgrModel = lgr.fit(train)
5. train_end = time.time()
6. print("Training time spent: ", train_end - train_start)
```

获得测试结果。

```
1. testPartition = 3   # 测试集分区数
2. test = scaled_data.filter(~ (col('index') < trainSize)).repartition
(testPartition)
```

```
3. result = lgrModel.transform(test)   # 输出 Logistic 模型测试结果
4. resultList = result.collect()
```

评估测试结果。

```
1. evaluator = MulticlassClassificationEvaluator(
2.    # 评估多分类问题,指定真实值、预测值列名,以及评估指标
3.    labelCol= "label", predictionCol= "prediction", metricName= "accuracy")
4. accuracy = evaluator.evaluate(result)
5. print("Test Error = % g " % (1.0 - accuracy))
```

以上代码,主要瓶颈在于训练过程,通过调整训练集的分区数,可对训练时的并行度进行相应调整,表 7-5 为不同分区数的训练时间。

表 7-5　不同训练集分区数下的训练时间

训练集分区数	训练时间/秒	训练集分区数	训练时间/秒
1	53.67	5	44.60
2	46.87	6	47.87
3	44.37	7	49.77
4	40.29	8	47.68

我们能够发现,在数据集 DATASET_B.csv 测试中,并行计算要比单节点计算快得多,尤其当分区数设置为多分区时,例如 4 个分区时,训练时间相对最短,比单节点快 13.38 秒,7 个分区时,训练时间相对最长,比单节点快 3.9 秒。对于这个特定的数据集,再增加分区数,训练时间变化不大。原因是示例数据量较少,当并行度增加时,由于相应的通信成本增加,执行效率反而会降低。当数据集足够大,我们可以借助以上案例的思维,通过不断调整并行度,探寻数据的最优并行划分规模和最短并行处理时间。

- 无监督学习——聚类任务

Spark.ml 也可以完成无监督学习任务,它包含了并行版本 K-mean++方法,称为 K-means||[6]。该算法支持从多个起点并发执行,然后选择最佳结果。在这里我们沿用上一部分 LogisticRegression 任务的数据。

```
1. # 代码接上段
2. from pyspark.ml.clustering import KMeans
3. start = time.time()
4. # 训练 K-means 聚类模型,选择 k 设定聚类中心个数
5. # 使用并行版本 k-mean++ 方法,称为 K-means||
6. Partition = 4   # 设置并行读入数据,目的是加速数据的导入
7. scaled = scaled_data.repartition(Partition)
8. kmeans = KMeans(k= 3,  initMode= "k-means||",seed= 1)
```

```
9. kmeans_model = kmeans.fit(scaled)
10. end = time.time()
11. print("time spent: ", end - start)   # 当 Partition = 4,耗时为 40.06 秒,而
    Partition= 1,耗时为 92.22 秒
```

使用拟合好的 K-means 模型对数据进行测试,并找到每个聚类的中心。

```
1. result = kmeans_model.transform(scaled)  # K-means 模型测试结果
2. resultList = result.collect()  # 输出预测结果
3. centers = kmeans_model.clusterCenters()  # 聚类中心
4. i= 1
5. for center in centers:
6.    print('第% d 个聚类的中心是 '% i, center)
7.    i + = 1
8. # 结果如下:
9. # 第 1 个聚类的中心是 [10.28986636   0.33503986]
10. # 第 2 个聚类的中心是 [14.94389493   0.07901388]
11. # 第 3 个聚类的中心是 [6.11867367   1.17855232]
```

7.3.3 单线程处理方法

(1) 特征提取

```
1. # 导包和输入原始的网约车轨迹数据
2. from utm import *
3. from tqdm import tqdm, tqdm_pandas
4. import pandas as pd
5. import numpy as np
6. import time
7. time1 = '20161101 08:00:00'
8. time2 = '20161101 09:00:00'
9. stamp1 = time.mktime(time.strptime(time1, "% Y% m% d % H:% M:% S"))
10. stamp2 = time.mktime(time.strptime(time2, "% Y% m% d % H:% M:% S"))
11. df = pd.read_csv('DATASET-A.csv')
12. df.columns= ['driver_id', 'order_id', 'timestamp', 'lon', 'lat']
13. # 转换为 utc+ 8 时区
14. df.timestamp = df.timestamp + 8 * 3600
15. df = df[(df['timestamp'] > = stamp1) & (df['timestamp'] < stamp2)].reset_index
    (drop= True)
16. from osgeo import osr
```

```
17. wgs84 = osr.SpatialReference()
18. wgs84.ImportFromEPSG(4326)    # WGS84 坐标系
19. inp = osr.SpatialReference()
20. inp.ImportFromEPSG(3857)      # Pseudo-Mercator 坐标系
21. # 定义坐标转换
22. transformation = osr.CoordinateTransformation(wgs84, inp)
23. # 转换坐标
24. xy = df[['lon', 'lat']].apply(lambda x: transformation.TransformPoint(x[0], x[1])[:2], axis= 1)
25. # xy 为一个列表(list),每一个元素为一个元组(tuple)
26. # 转换为 DataFrame 中的两列
27. df['x'] = [x[0] for x in xy]
28. df['y'] = [x[1] for x in xy]
29. # 划分时空单元
30. # 划分时间窗
31. time_interval= 600 # 时间窗长度
32. df['time_id'] = df['timestamp'].apply(lambda x: (x - stamp1)//time_interval) # 生成时间窗索引
33. # 划分空间网格
34. left = df['x'].min() # 计算左边界
35. up = df['y'].max() # 计算上边界
36. interval= 70 # 网格单元大小
37. df['rowid'] = df['y'].apply(lambda x: (up - x) // interval).astype('int') # 计算横向索引
38. df['colid'] = df['x'].apply(lambda x: (x - left) // interval).astype('int')# 计算纵向索引
39. # 将时空特征提取
40. # 计算个体特征
41. df = df.sort_values(by= ['driver_id', 'order_id', 'timestamp']).reset_index(drop= True)
42. # 将订单 id 下移一行,用于判断相邻记录是否属于同一订单
43. df['orderFlag'] = df['order_id'].shift(1)
44. df['identi'] = (df['orderFlag']= = df['order_id'])
45. # 将坐标、时间戳下移一行,从而匹配相邻轨迹点
46. df['x1'] = df['x'].shift(1)
47. df['y1'] = df['y'].shift(1)
48. df['timestamp1'] = df['timestamp'].shift(1)
```

```python
49. df = df[df['identi']= = True]    # 将不属于同一订单的轨迹点对删去
50. dist = np.sqrt(np.square((df['x'].values-df['x1'].values)) + np.square((df
    ['y'].values-df['y1'].values)))    # 计算相邻轨迹点之间的距离
51. time = df['timestamp'].values – df['timestamp1'].values    # 计算相邻轨迹点相差时间
52. df['speed'] = dist / time    # 计算速度
53. df = df.drop(columns= ['x1', 'y1', 'orderFlag', 'timestamp1', 'identi'])    # 删去
    无用列
54. df['speed1'] = df.speed.shift(1)                  # 将速度下移一行
55. df['timestamp1'] = df.timestamp.shift(1)          # 将时间下移一行
56. df['identi'] = df.order_id.shift(1)               # 将订单号下移一行
57. df = df[df.order_id= = df.identi]                 # 去除两个订单分界点数据
58. df['acc'] = (df.speed1.values – df.speed.values) / (df.timestamp1.values – df.
    timestamp.values)    # 计算加速度
59. df = df.drop(columns= ['speed1', 'timestamp1', 'identi'])    # 删除临时字段
60. # 集计个体特征
61. orderGrouped = df.groupby(['rowid', 'colid','time_id', 'order_id'])    # 基于时空
    网格与轨迹 id 进行分组
62. # 网格平均车速
63. grouped_speed = orderGrouped.speed.mean().reset_index()
64. grouped_speed = grouped_speed.groupby(['rowid', 'colid', 'time_id'])
65. grid_speed = grouped_speed.speed.mean()
66. grid_speed = grid_speed.clip(grid_speed.quantile(0.05), grid_speed.quantile
    (0.95))# 去除异常值
67. # 网格平均加速度
68. gridGrouped = df.groupby(['rowid', 'colid','time_id'])
69. grid_acc = gridGrouped.acc.mean()
70. # 网格流量
71. grouped_volume = orderGrouped.speed.last().reset_index()
72. grouped_volume = grouped_volume.groupby(['rowid', 'colid', 'time_id'])
73. grid_volume = grouped_volume['speed'].size()
74. grid_volume = grid_volume.clip(grid_volume.quantile(0.05), grid_volume.
    quantile(0.95))
75. # 网格车速标准差
76. grid_v_std = gridGrouped.speed.std()
77. # 网格平均停车次数
78. stopNum = gridGrouped.speed.agg(lambda x: (x= = 0).sum())
79. grid_stop = pd.concat((stopNum, grid_volume), axis= 1)
```

```
80.    grid_stop['stopNum'] = stopNum.values / grid_volume.values
81.    grid_stop = grid_stop['stopNum']
82.    grid_stop = grid_stop.clip(0,grid_stop.quantile(0.95))
83.    # 整理数据
84.    feature = pd.concat([grid_speed, grid_acc, grid_volume, grid_v_std, grid_
       stop], axis= 1).reset_index()
85.    feature.columns = ['rowid', 'colid', 'time_id', 'aveSpeed', 'gridAcc', 'volume',
       'speed_std', 'stopNum']
```

(2) 监督学习——分类任务

```
1.  # 对数据进行预处理
2.  # 获取数据
3.  raw = pd.read_csv("DATASET_B.csv")
4.  input_data = raw[raw.date= = 20161101][['aveSpeed', 'stopNum', 'labels']]
5.  input_data.columns = ['平均速度','停车次数','拥堵程度']
6.  # 获取特征
7.  input = input_data.values
8.  X = input[:, :- 1]
9.  y = input[:, - 1]
10. # 对特征进行标准化
11. nor_X = StandardScaler().fit_transform(X)
12. X1_min, X1_max = nor_X[:,0].min(), nor_X[:,0].max()
13. X2_min, X2_max = nor_X[:,1].min(), nor_X[:,1].max()
14. # 划分训练集和测试集,比例为7:3
15. X_train, X_test, y_train, y_test= train_test_split(nor_X, y, test_size= 0.3,
    random_state= 1)
16. # 随机抽取训练集和测试集中的一些样本作图,较浅的点是测试集
17. train_plot_n = 3000
18. test_plot_n = 1000
19. train_sample_plot_idx = np.random.choice (X_train.shape[0], size= train_plot_n,
    replace= False)
20. test_sample_plot_idx = np.random.choice (X_test.shape[0], size= test_plot_n,
    replace= False)
21. plt.scatter(X_train[train_sample_plot_idx][:,0],
22.         X_train[train_sample_plot_idx][:,1],
23.         c= y_train[train_sample_plot_idx],
24.         edgecolors= 'k')
25. plt.scatter(X_test[test_sample_plot_idx][:,0],
```

```
26.            X_test[test_sample_plot_idx][:,1],
27.            c= y_test[test_sample_plot_idx],
28.            alpha= 0.2, edgecolors= 'k')
29. plt.xlabel('x1', fontsize= 14)
30. plt.ylabel('x2', fontsize= 14)
31. plt.xticks(fontsize= 12)
32. plt.yticks(fontsize= 12)
33. plt.xlim(X1_min- 0.1, X1_max+ 0.1)
34. plt.ylim(X2_min- 0.1, X2_max+ 0.1)
35. # plt.xlim(- 1.5, 2)
36. # plt.ylim(- 0.5, 2.5)
37. plt.savefig('./fig1.png', dpi= 600)
38. plt.show()
39. # 模型训练
40. # 训练 Logistic 模型
41. logreg = LogisticRegression()
42. logreg.fit(X_train, y_train)
43. # 分类结果可视化
44. # 在 X1, X2 的范围内画一个 500* 500 的方格,预测每个点的标签(label)
45. N,M = 500,500
46. X1_min, X1_max = nor_X[:,0].min(), nor_X[:,0].max()
47. X2_min, X2_max = nor_X[:,1].min(), nor_X[:,1].max()
48. t1 = np.linspace(X1_min, X1_max, N)
49. t2 = np.linspace(X2_min, X2_max, M)
50. x1, x2 = np.meshgrid(t1,t2)
51. x_star= np.stack((x1.flat, x2.flat),axis= 1)
52. y_star= logreg.predict(x_star)
53. # 随机选取 sample_plot_n 个样本点
54. sample_plot_n = 1000
55. sample_plot_idx = np.random.choice(nor_X.shape[0], size= sample_plot_n, replace= False)
56. plt.pcolormesh(x1,x2,y_star.reshape(x1.shape),alpha= 0.1)
57. plt.scatter(nor_X[sample_plot_idx][:,0],nor_X[sample_plot_idx][:,1],
58.            c= y[sample_plot_idx]
59.            ,edgecolors= 'k')
60. plt.xlabel('x1', fontsize= 14)
61. plt.ylabel('x2', fontsize= 14)
```

```
62. plt.xticks(fontsize= 12)
63. plt.yticks(fontsize= 12)
64. plt.xlim(X1_min- 0.1, X1_max+ 0.1)
65. plt.ylim(X2_min- 0.1, X2_max+ 0.1)
66. # plt.grid()
67. plt.savefig('./fig2.png', dpi= 600)
68. plt.show()
69. # 分类准确性分析
70. # 预测,计算准确率
71. y_train_hat = logreg.predict(X_train)
72. y_train = y_train.reshape(- 1)
73. result = y_train_hat = = y_train
74. c = np.count_nonzero(result)
75. print('Train accuracy:% .2f% % '% (100* float(c)/float(len(result))))
76. y_hat = logreg.predict(X_test)
77. y_test = y_test.reshape(- 1)
78. result = y_hat = = y_test
79. c = np.count_nonzero(result)
80. print('Test accuracy:% .2f% % '% (100* float(c)/float(len(result))))
```

（3）无监督学习——聚类任务

```
1. import numpy as np
2. import pandas as pd
3. from sklearn.cluster import KMeans, DBSCAN, AgglomerativeClustering
4. from sklearn.mixture import GaussianMixture
5. from sklearn.preprocessing import StandardScaler
6. # 读取数据
7. data_ori = pd.read_csv('聚类数据集.csv')
8. # 选择特征
9. feature = ['stopNum', 'aveSpeed']
10. # 数据标准化
11. scaler = StandardScaler()
12. scaler.fit(data_ori[feature])
13. data_ori_nor = scaler.transform(data_ori[feature])
14. # K-means 聚类
15. n = 3
16. labels = KMeans(n_clusters= n, random_state= 0).fit(data_ori_nor).labels_
```

```
17. # 输出数据集
18. output_data = pd.concat((data_ori,
19.             pd.DataFrame(labels, columns = ['labels'])),
20.             axis= 1)
21. output_data.to_csv('K-means 聚类结果.csv', index= False)
```

7.4 本章小结

本章重点针对海量交通大数据的处理方法与软硬件资源,主要介绍了 Spark 分布式计算架构,该架构能够大幅提高交通大数据的存储和计算效率。本章首先介绍了 PySpark 的基本操作,包括 RDD 常用的转化操作和行动操作,以及与第 2 章数据库相关的 Spark SQL 等,还讨论了 Spark 的分区与并行问题;最后,使用并行机器学习库 Spark ml,通过 3 个案例展示了 Spark 在交通问题中的实际应用。

7.5 本章习题

1. Hadoop 框架与 Spark 框架的差异有哪些?
2. 当用户提交程序到 Spark 集群上,描述该任务在集群上的工作流程。
3. Spark RDD 的特点是什么? RDD 的两个操作是什么?
4. 思考 Spark 框架为何在交通大数据分析领域有较好的应用前景。
5. 请随机选取一段英文作为输入文本,编程实现:使用 RDD 算子统计该文本中的不同单词的个数。
6. 给定 24 辆车的类型和车速信息,编程实现:使用 Spark 并行的方法,统计每类车出现的次数以及平均车速。

```
1. data =   [('Car', 67), ('Truck', 43), ('Car', 72), ('Truck', 49),('Taxi', 57),
2.      ('Bus', 40), ('Taxi', 60), ('Bus', 35),('Car', 63), ('Truck', 45),
3.      ('Car', 70), ('Truck', 51),('Taxi', 55), ('Bus', 41), ('Taxi', 58),
4.      ('Bus', 37),('Car', 60), ('Truck', 47), ('Car', 74), ('Truck',52),
5.      ('Taxi', 56), ('Bus', 40), ('Taxi', 56), ('Bus', 35)]
```

7. 利用 Spark SQL 从本章提到的 speed-tmp.csv 文本中读入数据,进行增、删、查操作。
8. 分别使用 Python 和 PySpark 对一个由 100 万个随机正整数组成的 dataframe 进行排序,随机数的取值为[1,1000000]。对比 Python 和 PySpark 两者的耗时。
9. 探索 Spark ml 库中的其他方法,尝试使用不同的方法完成分类任务。

7.6 参考文献

[1] Ghemawat S, Gobioff H, Leung S-T. The google file system[C]//Proceedings of the nineteenth ACM Symposium on Operating Systems Principles. New York, USA: Association for Computing Machinery, 2003: 29-43.

[2] Zaharia M, Chowdhury M, Franklin M J, et al. Spark: Cluster computing with working sets[J]. HotCloud, 2010, 10(10): 95.

[3] Drabas T, Lee D, Karau H. Learning PySpark: Build data-intensive applications locally and deploy at scale using the combined powers of Python and Spark 2.0[M]. Birmingham: Packt Publishing, 2017.

[4] 卢博林斯凯, 史密斯, 雅库伯维奇, 等. Hadoop高级编程: 构建与实现大数据解决方案[M]. 穆玉伟, 靳晓辉, 译. 北京: 清华大学出版社, 2014.

[5] 高彦杰. Spark大数据处理[M]. 北京: 机械工业出版社, 2014.

[6] Bahmani B, Moseley B, Vattani A, et al. Scalable k-means++[J]. arXiv Preprint: 1203.6402, 2012.

第 8 章

虚拟化技术与 Docker

在深入探讨交通大数据存储与分析技术之后,本书结束前还将着重介绍在实践中部署各类数据库的一个重要途径——虚拟化技术。本章将介绍虚拟化技术,并着重介绍 Docker 这一强大的工具。

大数据技术的核心挑战之一是存储和计算的有效管理。传统的大数据存储和计算方案通常需要在每个节点上进行烦琐的软件安装和配置,以确保环境的一致性和可靠性。然而,随着数据量的增加和需求的多样化,这种方式已经变得不够灵活和高效。正如 Git 版本控制系统一样,Docker 是一种容器化平台,用于构建、分发和运行应用程序。它可以将应用程序和其所有的依赖项打包到一个独立的容器中。这个容器可以在任何环境中运行,而不需要担心环境差异或软件依赖问题。通过将应用程序和其全部依赖封装到独立的容器中,Docker 确保了应用程序在不同环境间运行的一致性,消除了"在我机器上可以运行,但部署在实际环境中却不可以"这类问题。

Docker 提供了一种轻量级、可移植的方式来部署和扩展应用程序。因此,在各类大数据比赛中,使用 Docker 能快速部署和测试各种算法和模型,而无须担心与其他组件的兼容性或复杂的配置。这使得开发者能够专注于算法的开发和优化,而无须浪费时间和精力在环境配置上。这样就能够确保比赛中所有的参赛者都在相同的基础环境下运行代码,保证公平竞争和结果的可靠性。

综上所述,虚拟化技术为大数据分析技术提供了灵活、可靠和高效的环境解决方案。它能够帮助构建隔离的运行环境,加速开发和部署过程,是在各类数据库环境部署、大数据比赛中的必备技能。接下来,本章将深入介绍 Docker 的基本概念、工作原理和常用操作,为部署与维护各类数据库系统技术赋能。

8.1 Docker 概述及其组成

本节将介绍虚拟化技术以及其一种实例 Docker 的架构与组件。

8.1.1 虚拟化技术简介

在安装和使用各种数据库、进行大数据分析和计算时,需要为各种软件配置适当的环境。不同的任务所需要的环境和算力也不相同,因此这些任务的安装可能会较为复杂。此外，不同任务之间的相互影响可能会对大数据计算造成严重影响。例如，多个任务并行计算时可能会互相竞争 CPU 资源，当一个进程因此崩溃导致系统卡死时，其他所有任务也会受到影响。目前的操作系统如 Windows 和 Linux 并不能保证避免这种情况的发生。

为解决上述问题，VMware 公司于 1998 年成立，总部位于美国加利福尼亚州帕罗奥图，致力于开发和推广虚拟化技术。VMware 公司的第一款产品是 VMware Workstation，它是一款桌面虚拟化软件，可以在同一台物理机器上运行多个虚拟操作系统，以便进行软件开发、测试、演示等工作，即虚拟机。该产品于 1999 年发布，取得了很大的成功。

显然，虚拟机解决了每个任务之间的安全性、稳定性问题，使得各个任务可以在一台宿主机上以不同的环境、按照虚拟机分配的内存与磁盘空间运行。然而，虚拟机依然存在缺点，其中最明显的就是每一台虚拟机都需要对应一套操作系统。这就导致虚拟机需要额外的磁盘空间来存储其操作系统和应用程序，因此可能会占用大量存储空间；虚拟机操作系统维护的相关文件系统、进程线程等对于宿主机而言，在处理大量数据或执行计算密集型任务时可能会导致性能下降。

为了解决这些问题，丹尼尔·莱兹卡诺（Daniel Lezcano）和瑟奇·哈林（Serge Hallyn）在 2008 年提出了 Linux 容器（Linux Container，LXC）。最初的 LXC 是一个基于 Linux 内核命名空间（namespace）和控制组（cgroup）功能的用户空间工具，可以创建一个或多个相互隔离的 Linux 容器，每个容器都拥有自己的进程、网络、文件系统等资源，可以运行独立的应用程序和服务。LXC 旨在提供一个更加轻量级、灵活和高性能的虚拟化解决方案，可以在单个 Linux 系统上同时运行多个容器，而不会对其他容器或主机系统造成干扰。

随着 LXC 的发展，越来越多的开源社区和商业公司开始关注和支持 LXC 的发展。Linux 社区的开发者 Dotcloud（现已更名为 Docker）公司在 2013 年提出了一种基于容器的虚拟化技术。容器是一种轻量级的虚拟化技术，它可以在同一个操作系统上运行多个独立的应用程序。容器中包含应用程序的运行时环境、依赖关系和配置文件等，而不需要安装和运行完整的操作系统。这样可以极大地减少系统资源和存储空间的浪费，提高应用程序的运行效率和可移植性。通过使用 Docker 技术，用户可以方便地创建和管理多个容器实例，而不影响宿主机的环境。

2014 年，Google 公司开发了容器编排工具 Kubernetes，它提供了对容器集群的自动化部署、扩缩容、服务发现和负载均衡等功能，使得容器化应用程序在生产环境中得到更好的管理和部署支持。

对于数据库与大数据计算，以 Docker 为主的虚拟化技术在企业中运用广泛。目前，许多主流的数据库技术都支持在容器中运行，如 MySQL、PostgreSQL、MongoDB 等。同时，也有许多专门针对容器化场景的数据库技术，如 TiDB、CockroachDB、Vitess

等,这些技术提供了分布式、高可用和弹性的数据库解决方案,适合在容器集群中部署和运行。容器化的数据库可以快速地创建、部署和启动,可以在不同的环境中运行,具有更好的可移植性和可伸缩性。使用容器编排工具可以更加自动化地管理和扩展数据库集群,减少运维的复杂性和成本。

8.1.2 Docker 架构及其组件

Docker 是一种基于容器技术的应用程序部署平台,能够为应用程序提供独立、可移植的运行环境。Docker 架构包括三个主要组件:Docker 客户端及 Docker 守护进程、Docker 镜像及 Docker 仓库、Docker 容器。以下将具体介绍:

● **Docker 客户端及 Docker 守护进程**

Docker 客户端是用户与 Docker 进行交互的命令行工具或者图形用户界面(Graphical User Interface,GUI)。用户可以使用 Docker 客户端来构建、运行、管理和发布容器。Docker 客户端可以在本地运行,也可以连接到远程 Docker 守护进程上进行操作。

图 8-1 描述了 Docker 的架构。Docker 守护进程是运行在主机上的后台进程,负责管理 Docker 容器的生命周期,包括启动、停止、重启、删除等。Docker 守护进程还负责管理 Docker 镜像的构建、存储和分发。Docker 守护进程可以通过 RESTful API、Unix 套接字或网络端口进行访问和管理。

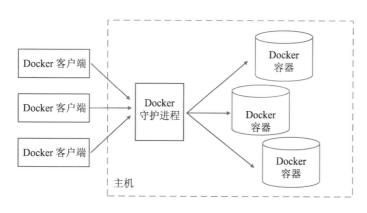

图 8-1 Docker 架构

● **Docker 镜像及 Docker 仓库**

Docker 镜像是一个只读的模板,用于创建 Docker 容器。Docker 镜像包含应用程序所需的所有文件、库、配置和依赖项,相当于源代码。Docker 镜像可以通过 Dockerfile 或者 Docker 镜像构建工具进行创建。Docker 镜像是轻量级的,因为它们共享宿主机操作系统的内核,并且只包含应用程序运行所需的最小系统库和配置。

Docker 仓库是用于存储和共享 Docker 镜像的中央位置。它可以是公共的、私有的或本地的,其中公共 Docker 仓库如 Docker Hub 可以让用户方便地共享和获取镜像。私有 Docker 仓库则用于团队内部共享镜像,而本地 Docker 仓库则用于在没有网络连接的情况下存储和访问镜像。

- **Docker 容器**

Docker 容器是基于 Docker 镜像运行的实例。容器是轻量级、可移植和自包含的,可以在不同的主机上运行。Docker 容器由 Docker 引擎创建和管理,每个容器都有自己的文件系统、网络和进程空间。容器可以在启动时被配置为继承镜像的设置,也可以在运行时进行更改,例如添加新的文件、修改环境变量等。

图 8-2 展示了 Docker 镜像、Docker 仓库与 Docker 容器的关系。具体而言,图 8-2 展示了两种生成 Docker 容器的方式。结合例子来说,例如在使用某一款数据库时,可以不再自行安装相关环境及具体配置,而是通过 Docker 客户端,在 Docker 仓库中拉取已经安装、配置好的 Docker 镜像,生成一个 Docker 容器实例;或是通过指定的 Dockerfile 直接生成镜像,并通过该镜像获得 Docker 容器。此后,可以直接在此容器中进行有关数据库的操作与分析,而不对宿主机的环境造成影响。其中具体的相关操作将在后续章节进行展示。

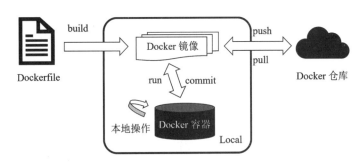

图 8-2 Docker 镜像、仓库、容器的关系

除了这些主要组件之外,Docker 还包括其他一些组件,例如 Docker 网络是用于连接 Docker 容器的网络,可以为容器提供独立的 IP 地址和网络接口;Docker 卷是用于持久化数据的存储机制,可以将容器内部的数据持久化到宿主机上的目录中,从而保证数据的可靠性和可恢复性。

了解 Docker 的架构及其组件是理解如何安装和使用 Docker 的基础。接下来,本章将深入介绍如何安装和配置 Docker 以及如何使用 Docker 构建和运行容器。

8.2 Docker 的安装与基本使用

本节将介绍 Docker 安装与基本使用的相关语法与实例。

8.2.1 Docker 的安装

Docker 可以在多种操作系统上安装，例如 Windows、Linux、Mac 等。下文主要以 Docker 在 Linux 的安装为主。

首先，需要在 Linux 系统上安装 Docker 的依赖组件，包括必要的工具和软件包。具体的依赖关系根据 Linux 发行版本的不同而异，本节不再赘述。通过在命令行中输入以下代码获取 Docker CE：

```
1. $ sudo apt-get install apt-transport-https ca-certificates curl gnupg lsb-release
2. $ curl -fsSL https://download.docker.com/linux/ubuntu/gpg | sudo gpg --dearmor -o /usr/share/keyrings/docker-archive-keyring.gpg
3. $ echo " deb [ arch = amd64 signed-by = /usr/share/keyrings/docker-archive-keyring.gpg] https://download.docker.com/linux/ubuntu \
4. $ (lsb_release -cs) stable" | sudo tee /etc/apt/sources.list.d/docker.list > /dev/null
5. $ sudo apt-get install docker-ce docker-ce-cli containerd.io
```

此后待其安装完成即可。如果在安装过程中（安装 curl 命令时）出现某进程占用"dpkg frontend lock（unattended-upgr）"的信息，可通过 ps -aux 命令查看进程信息，如果是无关进程，通过 kill 命令强制停止。

此后，将 Docker 启动：

```
6. $ sudo systemctl start docker
```

若此后希望自动启动该服务，可执行以下命令：

```
7. $ sudo systemctl enable docker
```

最后，通过远程拉取部署 Hello World 镜像确定安装是否成功：

```
8. $ sudo docker run hello-world
    ……
    Hello from Docker!
    This message shows that your installation appears to be working correctly.
```

如出现以上信息，则说明 Docker 安装已经完成。

8.2.2 Docker 的使用

本节将对 Docker 的具体使用进行介绍。

首先，通过 docker run 命令来构建一个容器：

```
1. $ sudo docker run -i -t --name my-ubuntu ubuntu
```

该命令的四个参数介绍如下：

(1) -i：让容器的标准输入保持打开状态。

(2) -t：让 Docker 分配一个伪终端（pseudo-tty）并绑定到容器的标准输入上，以便用户与容器进行交互。

(3) --name：将容器命名，此处为 my-ubuntu。

(4) ubuntu：指定容器使用的镜像，这里是 Ubuntu 镜像。如果该镜像在本地不存在，Docker 将自动从 Docker Hub 下载该镜像。

运行后，可见其进入了 ubuntu 容器内部，可以通过命令行直观地控制该容器。

例如，通过 hostname 命令显示主机名称，并安装 nginx：

```
2. # hostname
3. 10f1380a454d
4. # apt-get install nginx
5. ……
6. # exit
```

其所有操作均在容器内进行，不会影响宿主机。由于其操作与一般 Linux 操作并无二致，此处不再赘述。输入"exit"后，退回宿主机的命令行。

当想重新使用该容器时，可以通过 docker start 命令与 docker attach 命令启动容器。例如：

```
1. $ sudo docker start my-ubuntu
2. my-ubuntu
3. $ sudo docker ps
4. CONTAINER ID    IMAGE       COMMAND      …   STATUS         …   NAMES
5. 10f1380a454d    ubuntu      "/bin/bash"  …   Up 38 seconds  …   my-ubuntu
6. $ sudo docker attach my-ubuntu
```

docker start 命令用于启动已停止的容器，容器在后台启动运行，不会附加到当前终端会话。其中，可以通过 docker ps 命令观察 my-ubuntu 是否成功启动。docker attach 命令用于附加到正在运行的容器中，与容器进行交互。附加到容器后，会直接连接到容器的标准输入（stdin）和标准输出（stdout），从而可以直接输入和查看容器的输出。

另外，如果不希望来回切换至容器内部进行各类命令，docker exec 命令将允许用户从主机的命令行界面（Command Line Interface，CLI）向容器内部发送命令以执行，这样用户可以管理或修改容器内的环境而无须进入容器的交互式会话。例如：

```
7. $ sudo docker exec my-ubuntu apt-get install -y nginx
```

Docker 会在 my-ubuntu 这个容器内部执行 nginx 安装的命令，就像用户已经登录容器的命令行环境中并直接输入这些命令一样。

最后，若需要停止乃至删除 Docker 实例，可使用 docker stop 命令与 docker rm

命令：

8. `$ sudo docker stop my-ubuntu`
9. `$ sudo docker rm my-ubuntu`

8.3 Docker 镜像与仓库

本节将介绍如何通过 Docker 仓库或撰写 Dockerfile 构建 Docker 镜像。

8.3.1 Docker Hub 与 Docker 镜像、仓库的相关操作

Docker 镜像是一个轻量级、可移植的容器，其中包含了应用程序和其依赖的所有文件和设置。其类似于一个"模板"，可以在 Docker 仓库上发布并拉取，以供快速构建所需的容器。

● 下载镜像

以下是一些与下载 Docker 镜像相关的基本操作：

（1）搜索镜像

使用 docker search 命令可以搜索 Docker Hub 中的镜像，例如搜索 Ubuntu 镜像：

1. `$ sudo docker search ubuntu`

（2）下载镜像

使用 docker pull 命令可以从 Docker Hub 下载镜像，例如下载 Ubuntu 20.04 LTS 镜像：

2. `$ sudo docker pull ubuntu:20.04`

（3）查看已下载的镜像

使用 docker images 命令可以查看本地已下载的镜像列表：

3. `$ sudo docker images`

● 上传镜像

Docker 仓库是用于存储、管理和分享 Docker 镜像的中央存储库。以下是一些将 Docker 镜像上传至仓库相关的基本操作：

（1）注册 Docker Hub 账户并登录 Docker Hub

Docker Hub 是一个公共的 Docker 镜像仓库，用户需要注册一个 Docker Hub 账户才能上传和分享用户的 Docker 镜像。此后，使用 docker login 命令可登录 Docker Hub。

（2）保存容器为镜像

使用 docker commit 命令可以将容器保存为新的 Docker 镜像。在这个操作中，假

设用户有一个名为"my-ubuntu-container"的容器,可以使用以下命令将其保存为新的镜像:

```
4. $ sudo docker commit my-ubuntu-container my-ubuntu-image
```

其中,my-ubuntu-container 是容器的名称或 ID,my-ubuntu-image 是新镜像的名称。

(3) 标记镜像

使用 docker tag 命令可以为新镜像添加标签,以便上传到 Docker 仓库:

```
5. $ sudo docker tag my-ubuntu-image your-dockerhub-username/my-ubuntu-image
```

其中,your-dockerhub-username 是用户在 Docker Hub 上的用户名。

(4) 上传镜像

使用 docker push 命令可以将新镜像上传到 Docker Hub:

```
6. $ sudo docker push your-dockerhub-username/my-ubuntu-image
```

8.3.2 通过 Dockerfile 构建 Docker 镜像

当需要一个定制化,且在 Dokcer Hub 无法找到的镜像时,除了新建一个基础的交互式容器,并在容器内手动输入各类指令完成容器的部署,最后保存为镜像之外,也可以使用 Dockerfile 快速部署镜像。Dockerfile 是一种用于定义 Docker 镜像构建过程的文件。

Dockerfile 相当于一种编程语言,通过使用一系列指令来描述如何构建镜像。实际上,Dockerfile 的功能便是将上述手动的操作代码化。以下将介绍一些常见的 Dockerfile 指令:

(1) FROM

FROM 指令用于指定基础镜像,即当前镜像所基于的基础镜像。例如:

```
1. FROM ubuntu:18.04
```

(2) RUN

RUN 指令用于在镜像中执行命令。例如:

```
2. RUN apt-get update && apt-get install -y vim
```

(3) CMD

CMD 指令用于指定容器启动时要执行的命令。如果 Dockerfile 中没有指定 CMD 指令,则会使用基础镜像中默认的命令。例如:

```
3. CMD ["python3", "app.py"]
```

(4) ENV

ENV 指令用于设置环境变量。例如:

```
4. ENV MY_VAR= my_value
```

定义的环境变量将作为镜像内系统的环境变量。值得一提的是,定义环境变量之后,在 Dockerfile 中可使用 ${MY_VAR} 来指代 my_value。通过在 Dockerfile 中使用 ${MY_VAR},用户可以在构建镜像过程中将环境变量的值动态传递给镜像内部的命令或设置。

（5）USER

USER 指令用于设置镜像中要运行应用程序的用户身份。例如：

```
5. USER myuser
```

（6）VOLUME

VOLUME 指令用于在镜像中创建一个挂载点,以便将数据卷挂载到容器中。例如：

```
6. VOLUME /mydata
```

（7）EXPOSE

EXPOSE 指令用于声明容器将监听的端口号。例如：

```
7. EXPOSE 8000
```

（8）ADD

ADD 指令用于将本地文件或目录复制到镜像中。例如：

```
8. ADD ./myapp /app
```

（9）WORKDIR

WORKDIR 指令用于设置工作目录,即 Docker 容器中的当前工作目录。例如：

```
9. WORKDIR /app
```

这些指令是 Dockerfile 中最常见的指令,也还有其他的指令可供使用。Dockerfile 的语法相对简单,但是它可以通过组合这些指令来构建出复杂的镜像。以下是构建一个 ubuntu Hadoop 容器的 Dockerfile 实例,供读者参考：

```
1. FROM ubuntu:18.04
2. #  下载 Java 以及其他依赖项
3. RUN apt-get update && apt-get install -y \
4.    openjdk-8-jdk \
5.    ssh \
6.    rsync \
7.    curl
8. #  设置 Hadoop version
9. ENV HADOOP_VERSION 2.7.0
10. #  下载 Hadoop
```

11. RUN curl -L https://downloads.apache.org/hadoop/common/hadoop-${HADOOP_VERSION}/hadoop-${HADOOP_VERSION}.tar.gz | tar -xz -C /usr/local/
12. RUN mv /usr/local/hadoop-${HADOOP_VERSION} /usr/local/hadoop
13. # 设定用户组
14. RUN groupadd hadoop && \
15.   useradd -d /home/hadoop -g hadoop -m -s /bin/bash hadoop
16. # 建立 Hadoop 文件夹
17. RUN mkdir -p /usr/local/hadoop/data/hdfs /usr/local/hadoop/logs && \
18.   chown -R hadoop:hadoop /usr/local/hadoop/data /usr/local/hadoop/logs
19. # 设置环境变量
20. ENV JAVA_HOME /usr/lib/jvm/java-8-openjdk-amd64
21. ENV HADOOP_HOME /usr/local/hadoop
22. ENV PATH $PATH:$HADOOP_HOME/bin:$HADOOP_HOME/sbin
23. # 设置接口
24. EXPOSE 8088 9000 50070
25. # 设置工作目录
26. WORKDIR /usr/local/hadoop
27. # 启动 shell 命令
28. CMD ["bash"]

这个 Dockerfile 使用了 FROM 指令来指定基础镜像，RUN 指令来安装 Java 和 Hadoop 的依赖项，ENV 指令来设置 Hadoop 版本和环境变量，USER 指令来创建 Hadoop 用户和组，VOLUME 指令来创建 Hadoop 数据和日志目录，EXPOSE 指令来暴露 Hadoop 端口，WORKDIR 指令来设置工作目录，以及 CMD 指令来启动 shell 命令。

在 Dockerfile 编写结束后，可通过以下命令直接创建实例：

10. sudo docker build -t hadoop .
......
[+]Building 441.
11. sudo docker run -i -t -p 8088:8088 -p 9000:9000 -p 50070:50070 --name my-hadoop hadoop /bin/bash

在运行容器之后，可直接通过命令行控制该容器进行 Hadoop 的各项操作。

8.4 本章小结

Docker 是一种流行的容器化技术，它可以让开发人员将应用程序和依赖项打包成一个可移植的容器[1-3]。本章从多个方面对 Docker 进行了详细介绍,包括 Docker 的发展历史、组件、安装与使用,Docker 镜像、Docker 仓库构建,等等。通过阅读本章,读者可以深入了解 Docker 的内部结构和运行原理,掌握 Docker 的常用命令和使用技巧,并了解如何将 Docker 用于实际的应用程序开发和部署中。此外,Docker 还有许多实用的插件,例如 Docker Compose、Docker Swarm 等,读者可通过阅读官方文档[4],进一步获取相关信息。相信通过 Docker,部署分布式数据库或进行大数据处理将变得更加容易。

8.5 本章习题

1. 请简述 Docker 容器、Docker 镜像与 Docker 仓库的关系。
2. Docker 与传统虚拟化技术相比,有哪些优势?
3. 在本地安装 Docker,并使用 Docker 命令创建一个新的容器,其容器中安装有 Hadoop 2.7.0,并将它在后台运行。
4. 使用 Docker Hub 创建一个新的 Docker 仓库,并将上述 Hadoop 容器打包为一个可移植的 Docker 镜像,并上传到该仓库中。
5. 请编写一个 Dockerfile,用于构建一个 MySQL 数据库的容器。Dockerfile 应该包含以下内容:
(1) 基础镜像为官方 MySQL 8.0 镜像。
(2) 设置容器内的工作目录为 /var/lib/mysql。
(3) 复制 init.sql 脚本到容器内的 /docker-entrypoint-initdb.d 目录下,用于初始化数据库。
(4) 设置环境变量 MYSQL_ROOT_PASSWORD,用于设置 MySQL 的 root 用户的密码。
(5) 容器的端口号为 3306。
在 Dockerfile 编写完成后,构建并运行容器。

8.6 参考文献

[1] Cui P C. DevSecOps of containerization[D]. Auburn:Auburn University,2020.
[2] 杨保华,戴王剑,曹亚仑. Docker 技术入门与实战[M]. 北京:机械工业出版社,2015.
[3] Poulton N. Docker deep dive[M]. Birmingham:Packet Publishing,2017.
[4] Docker. Docker Docs[EB/OL]. [2023-08-26]. https://docs.docker.com/.